大清盛世忙什麼

來去紫禁城打卡，
體驗當皇上的日常！

魚小姐
李純瑀 著

—推薦序—

最後的榮景

《國父們》作者 金哲毅

說起「清朝」這個時代，某方面可以用兩個字評價：可惜。

以皇帝素質來比，清朝的皇帝基本都接受過嚴謹的教育培養，而且許多皇帝都異常勤勞，且不說皇帝中的勞模——一天平均工作十多個小時的雍正皇帝，就算到了根本幹不了實事的末代皇帝溥儀，工作及教育時間也是排好排滿。如果相比明朝出現一大堆把罷工當日常的皇帝，清朝皇帝的能力及表現平均值在各朝代中絕對名列前茅。

皇帝勤政而且有成熟的政治體系輔助，清朝在各方面的國力表現也相當搶眼。例如在軍事表現上，經過歷朝擴張，以前漢人政權基本無法掌握的：蒙古、新疆、西藏、東北都隸屬於大清版圖，其國土面積大約是明朝的四倍。以人口數來看，在清朝以前的各朝盛世，人口數大約是一億，而清朝在乾隆時期的人口數大約是三點五億，雖然過度增長的人口使個人能分配到的糧食量下降，以至於有人諷刺清朝是個「飢餓的盛世」，但也不能否認：能養活這麼大量的人口就已經是很了不起的本事。

如果從「使用中國歷朝累積的固有概念治國」這一點來看，清朝展現出成熟且有效的結果，在極盛時期，真的是：文治武功、萬國來朝、人丁興旺。但無奈，後來的清朝卻偏偏在大變革的時代中遇到以結果論而言，更強大、高效、活化、積極性的歐洲工業化文明，然後就淪為從清末直到民國的弱勢、落後、混亂的光景……

沒有對比就沒有傷害。與近代中國的多災多難相比，全盛時期的清朝是傳統中國社會的最後一個榮景。

翻閱魚小姐蒐集眾多資料而完成的本書，我完全感受到清朝盛世的光明面。像是從新年宴席中，宮廷為皇帝擺上一〇八道各色菜品，看見清朝皇室的澎湃場面；從後宮的服飾規定中，不同品級各有其嚴謹且不可逾越的穿著以示莊重，看到掌權者透過層層禮節顯示自己強大的掌控力；從「木蘭圍獵」的場景中，看到清朝皇室在鼎盛時期是如何強調尚武精神，並且透過圍獵期間與各外邦領袖會盟，表現滿足會盟天下的威風。

不過我也想多嘴的提醒，任何一個時代都必定有它的不全之處（別忘了清朝皇帝在打造與民同樂的千叟宴時，也正用著文字獄監督和迫害思想），但看康熙皇帝掃蕩內憂外患使國家漸趨穩定並有餘力往各方面發展，雍正皇帝在元宵節些微與民同樂後立刻返回辦公桌上批閱奏摺，以及乾隆皇帝……抱歉，雖然他老兄的確致力於文治武功各方面的擴展，可我實在不怎麼喜歡這個自以為很有藝術天分，但實際上是在摧毀藝術精品的蓋章魔人，清朝盛世整體來說值得後人驕傲。

所以已經願意多花時間看這篇推薦序的你，趕緊往後翻閱更重要的本文內容，透過後人的文字記錄，一起想像或回憶出那段來之不易的光榮年代。

—推薦序—

盛世如此繁華

師大國文系教授 徐國能

歷史對多數人而言是什麼呢？

我們在河的這一岸，往後逐步倒退，河的另一岸本來清晰的風景人物，逐漸模糊，「遠人無目，遠樹無枝」，遠方終至於化為一個個小黑點，再退後幾步，便什麼都不見，只是一條地平線而已。隨著時間，曾經清晰的一切，慢慢被朦朧的回憶所取代，當我們對印象深刻的部分加以重述，許多場景難免美化，也可能因為個人當下的感情而失真。但多數人都滿足於這樣的追想，或是醉心於為這種遙遠的國度重新編織故事，敷衍色彩，讓歷史成為浪漫的傳奇，帝王美人、英雄駿馬，在西風或夜雨中讓我們神馳想像，對興亡與生命深深感嘆。

然而歷史的趣味，除了半虛構的故事，更引人入勝的可能反而是重新返回現場的時刻，在真切的制度文物中當一個隱形的旁觀者，細看這些活生生的古人如何生存，如何經營他們日常裡的大判斷或小確幸。在物質能源與今日迥異的古代，人的追求和現代並無不同，只是過程和手法、思維和效率與現今大異其趣，這些巨大或細微的差別，更讓我們體驗了人類文明真正要克服的難題究竟是什麼，以及在此過程中，那些有笑有淚的意外和驚喜。

因此，返回、還原更真切的歷史現場，讓讀者看到前人的心靈藍圖與做事準則，體驗他們的價值觀所帶來的悲喜，是當代值得書寫的內容，這並非滿足考古癖或獵奇心，而是在這個脈絡裡，發現永恆的人情世故，也發現自己身世的來龍去脈。手機網路，改變了聯絡方式，卻不能改變人的虛榮、寂寞和追求娛樂的心。

不過，並非人人都能透過浩瀚的文獻來穿越時空回到過去，因此李純瑀老師的這本《大清盛世忙什麼》便顯得格外有趣，她用非常平易近人的語言，為大家介紹了清代紫禁城裡的點點滴滴，在食衣住行之外，那些在小說或宮闈劇裡不可缺少的「太醫」、「御前侍衛」到底是什麼來頭，有什麼本領？那些經常要發生大事的端午、中秋或元宵在宮裡怎麼度過？公主的「大婚」和那些充滿民間色彩的皇帝遊江南到底是為了什麼……這些有趣的題材都在這本書裡活靈活現地呈現了出來。李純瑀老師幫大家整理了這本故宮生活導覽手冊，讓我們彷彿回到大清盛世；他日有機會搭時光機重遊康雍乾時代，也許不見得能遇到呂四娘或韋小寶，但肯定能遇到書裡所寫的那些民俗或儀典。

歷史使人陶醉，因為我們從中不是看見別人，而是看見自己。人到中年，也許要學學日理萬機的皇帝怎麼食補養生；而當我們在購物中心或Outlet面對一雙靚鞋猶豫不決時，你只要稍稍思考一下宮妃們鞋櫃裡有什麼，或許就能輕易做決定了。這本《大清盛世忙什麼》非常有趣，它不是只說三百年前的老骨董，我在書裡面看到的是二十一世紀的自己，正在用一只景德鎮的大瓷碗，喝著御膳房剛送來的蓮子銀耳湯。

—自序—

璀璨大清盛世

我從小就幻想自己是紫禁城裡的公主，而且是盛世時的固倫公主、最高級的那種！長年做著紫禁城的公主夢，直到近年來清宮劇大行其道之時，我多想以公主的身分告訴所有觀眾們：「嘿，我們大清不是電視上演的那樣！」

清朝是所有朝代中最深刻記取各朝各代歷史教訓的朝代，卻因時間的轉盤將它運轉到了世界的動盪時分，使得「大清盛世」再不復以往。於是我開始到處巡迴開講，講紫禁城中人的身分、服飾、髮型、節日、飲食、起居、用品、出巡，總之我包下了紫禁城中的食衣住行育樂，為的就是讓更多人聽到、看到真實的紫禁城、大清盛世的樣貌。

那是過節時展現滿漢交融的好日子、邀請銀髮族吃大餐的時光、巡幸江南考察水利政績的年頭、至木蘭圍場守護國家根源的年代；每一套服裝都有不同意義，每一個小人物都有價值；帝后大婚的場景、養生的日常皆有其趣味；縱使有公主們和親後回頭太難之舉，仍不減大清在彼時的盛世璀璨。

於是，且讓我們著上適當的服裝從過年一路逛至中秋，吃頓千叟宴，觀賞帝后大婚和公主和親場景，嘗嘗養生食物，聽聽太醫太監的工作日常，再跟著皇帝一道下江南，還有在秋天時到木蘭圍場射獵，當一回真正的紫禁城中人！

確實是偏心了，盛世誰不愛！

何況我從小就覺得自己是個盛世中的固倫公主呢！

—推薦序— 最後的榮景 金哲毅 3
—推薦序— 盛世如此繁華 徐國能 6
—自 序— 璀璨大清盛世 9

第一章 紫禁城的大日子

過年—在忙碌中度過的好時光 16
元宵—煙花和美食都是好戲 28
清明—皇帝祭祀真辛苦 47
端午—不能吃又吃不完的粽子 54
中秋—如意圓滿聯歡大會 62

第二章 皇帝請吃飯
康熙過生日 78
鐵粉也辦千叟宴 87

第三章 帝后更衣室
皇帝不只穿龍袍 94
細說從頭 103
后妃的鞋櫃 110

第四章 紫禁城大喜
圍城中的帝后大婚 120
一言難盡的公主婚姻 133

第五章 紫禁城眾生相
超級總管內務府 158
大有來頭的御前侍衛 162
太醫難為 166
第六章 跟著帝后學養生
長壽的飲食秘密 176
皇帝的菜單 179
喝出好生活 185
喝酒也能養生 189

第七章

皇帝去哪兒

木蘭秋獮 192
秋季皇家賽事 192
康熙江南團 200
乾隆江南團 215

第一章

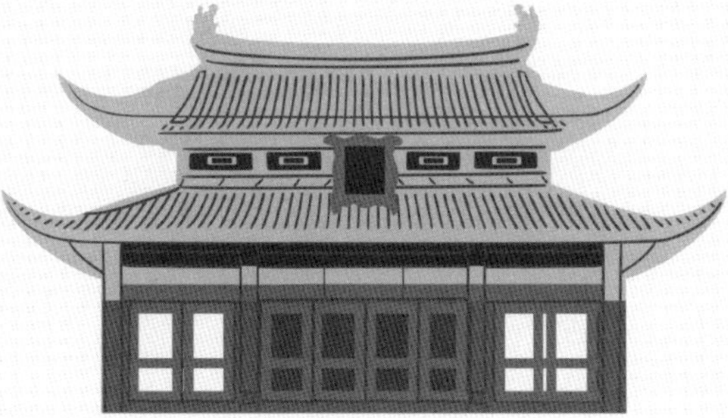

紫禁城的大日子

過年—在忙碌中度過的好時光—

「臘月」是過年的前奏，每年到了臘月，人們便開始緊鑼密鼓地準備過年的大小事宜。而每年的臘月二十八或二十九日，清朝皇帝會先到太廟祭拜祖先並提前三天齋戒。

清朝十分盛行喝臘八粥的風俗！從康熙開始，御廚會在臘八節這天用黏高粱、小豆等八樣糧食煮粥，稱之為「玉皇臘八粥」，然後分給所有宮中人食用。從乾隆至宣統退位為止，朝廷每年都會在雍和宮舉行臘八盛典，也就是用大銅鍋熬粥供佛、敬獻給皇宮和王公大臣，並捨贈信眾、嘉惠百姓。

一碗名副其實的「皇家臘八粥」，主料為黃米、白米、江米、小米、菱角米、栗子、紅豇豆、去皮棗泥等，煮熟後還要用染紅桃仁、杏仁、瓜子、花生、榛瓤、松子、白糖、紅糖、葡萄乾等點綴，每年的臘八粥花費都在十萬兩白銀上下，是一筆相當龐大的開銷，由此也可看出宮中對於過年的重視。

臘月的娛樂節目之一是精采萬分的「冰嬉」，皇帝會在臘月初一到臘月初八找一天稍微放鬆一下，前往「西苑太液池」觀賞一年一度的八旗士兵冰嬉大典。受閱的兵士動輒數百人不等，受邀觀賞者除了后妃、王公大臣外，還有蒙古、朝鮮、琉球、暹羅等外藩使臣和部落首領，場面十分壯觀。眾人著各部族服飾、帶來當地特產進獻朝廷，五彩繽紛的服飾和歡騰的氣氛總是讓年前的場面顯得年味十足。

冰嬉項目主要有三種：搶等、搶毬、轉龍射毬。「搶等」類似現在的速度滑冰，即在同等距離內，參賽人員同時出發，以到達終點的先後順序區分一、二等，並給予獎賞；「搶毬」有點類似冰上足球，參與士兵分為紅、黃兩隊，穿著帶有鐵齒的冰鞋在冰上共搶一球，通常一輪完整的比賽大約要進行四到六場大比拚，持續一整天；最搶眼的項目當屬團體花樣雜技「轉龍射毬」，它是一種將滑冰和射箭合而為一的冰上活動，由前後近兩百人的隊伍按照一定的路線滑行於冰上，動態宛如游龍。皇帝御座附近則會安置「旗門」，上下各設一毬，持弓矢的兵士靠近旗門時會依次發射箭，中者有賞。

《燕京歲時記》和北京童謠都提到：「過了臘八就是年」的概念，因此在小年夜的前四天，由欽天監官員選擇吉日「封印」，將玉璽暫時封存，即「封筆」、「封璽」；皇帝會下令所有人停止辦公，大家都好好休息一段時間，好生過年吧。

清朝的春節假期從臘月二十三日小年夜開始，一直到正月二十日結束。看起來似乎是個長假，實則不然。因為清朝皇帝各個勤政，往往只休一天的年假。也就是說除夕當天，百姓還在歡慶年節的同時，皇帝和眾臣便開始上班了！即便非正式復工，一旦有國家要事，皇帝、眾臣也不能因年假而有所懈怠。

從康熙開始，皇帝會在每年臘月親自寫下「福」、「壽」兩字，頒賜后妃、近侍及臣子以示恩寵；自雍正起，每年正月初一的子時，皇帝會使用全新的毛筆、硯臺寫下新年的第一句吉祥話，即「開筆書吉語」為天下臣民祈福，寫好後封存在黃匣子裡。在正月初一的開工大典上舉辦「開筆」、「開璽」的儀式，此儀式稱為「明窗開筆」，表示新的一年正式開工啦！

紫禁城中和跟民間一樣也有貼春聯的習俗！「尚白」是滿洲習俗，因此滿人春聯乃是「紅白底黑字春聯」，宮中是採用「掛」對聯的方式，和民間的黏貼方式不同；此外皇帝會將裝有「如意」的荷包賜給八旗子弟、宮女、太監們，常見的有金如意、銀如意、玉如意和銀錢幾種。而這些象徵好兆頭的小玩意，正是紫禁城過年的最大樂趣。

皇家年夜飯

除夕早上，皇帝和皇后以及妃嬪們共進早餐，一般吃的是黃米飯、年糕、餑餑等，花樣雖多，但往往只是吃個樣子，完全吃不飽！大約從中午十二點起，宮人們就開始忙著準備下午四點開席的皇家年夜飯了！沒錯，就是下午四點吃年夜飯！

乾隆二年，皇帝、后妃在乾清宮舉行除夕家宴。這場家宴由內務府承辦，乾隆坐的是「金龍大宴桌」，四周會圍上繡滿吉祥圖騰字樣的桌巾。皇帝的御桌會擺上冷膳、熱膳、群膳等四十品，後擺酒膳、茶膳各二十品，再加上餑餑、小菜、湯、粥、蜜餞食品等一百零八品，擺得很好看，但皇帝看得再餓也不能盡情地吃；皇后頭等宴桌為六十四品；貴妃、妃的二等宴桌每桌兩人；嬪、貴人的三等宴桌每桌三人，膳饌為三十二品。家宴所用餐具，皇帝的是金龍盤、金龍碗、金勺、金箸，皇后則用裡外全黃的暗雲龍盤碗、金勺、箸；貴妃以下沒有金餐具，而是使用「位份碗」；貴妃、妃為黃地綠龍盤碗；嬪用藍地黃龍盤碗；貴人用醬地藍龍盤碗，至於清宮劇中出現的常在、答應，就乖乖地待在自己宮中，她們並沒有參加家宴的資格，雖然冷清了一點卻也輕鬆了許多。

開動後，皇帝吃一口、眾人才能吃一口；皇帝賜酒、賓客才可飲酒，這頓年夜飯吃得真是累人，所幸現場還有表演可看也算稍稍放鬆。常見的演出有風味十足的「慶隆舞」，也稱「馬虎舞」。舞蹈分成兩大陣營，一方舞者頭戴獸面具，身披獸皮扮作動物；另一方舞者身著滿族服裝，扮作狩獵者，狩獵者的服飾逐漸演變成八旗的服裝，成功地獵取動物則是必然的結果。

趕通告的大年初一

在清朝，皇帝過年真是不容易，從早到晚得要不停地祭祀、磕頭！以乾隆的除夕行程來說吧！吃完年夜飯後，凌晨十二點二十五分，他乘轎到欽安殿拜真武大帝；凌晨兩點，又乘二十六人抬的轎子步行出乾清門，到奉先殿祭拜祖宗；凌晨三點四十五分，從養心殿出吉祥門乘四人轎到坤寧宮叩頭，再走到東暖閣供前拈香，然後到乾清宮御藥房藥王前磕頭，接著再回到乾清宮喝奶茶稍事休息，隨後到鴻德殿吃餃子；凌晨四點以後，乾隆乘著大禮轎出乾清門到長安左門外的「堂子」舉行滿洲薩滿儀式。薩滿儀式是老祖宗皇太極訂下的「元旦祭」，也就

清 姚文瀚〈歲朝歡慶圖〉

是在坤寧宮和玉河邊上的堂子舉行大祭，參加者需是愛新覺羅氏的皇親貴戚，乾隆祭祀完畢且向神明磕頭後，循原路回乾清宮，再到中正殿、建福宮、重華宮拜佛。一路下來，走不少路、叩不少頭，是個頗累人的除夕。

大年初一清晨六點十五分，乾隆走出乾清門步行至慈寧宮，率諸王、貝勒及一、二品大臣到皇太后住處行慶賀禮，再至養心殿祈福，隨後前往弘德殿休息；七點，乾隆乘十六人抬轎至中和殿，受內大臣、侍衛和內閣、翰林院、詹事府、禮部、樂部、督察員等衙門官員禮後，再前往太和殿接受諸王、貝勒等爵和文武大臣官員以及來京的蒙古王公、台吉等行慶賀禮後，返回乾清宮。

《清史稿．禮志》記載：正月初一早晨天一亮，百官們便要齊聚在太和殿廣場給皇帝拜年。廣場上排列著鑾駕儀仗，大殿屋簷下則有皇家樂隊和金鐘、玉磬等樂器。到了辰時，欽

金甌永固杯

天監官員宣布時刻已到，於是午門鳴鐘擊鼓、樂隊開始奏樂，皇帝登上太和殿寶座後，鑾儀衛官員甩響靜鞭，贊禮官高喊：「排班！」此時，百官們依照廣場上擺放的銅製「品級山」所標注的位置列隊下跪，由兩名大學士跪捧賀表，由宣表官宣讀。禮畢，皇帝賜座賜茶、百官叩頭謝恩；茶畢，靜鞭再鳴、樂隊再奏，此時皇帝下殿、百官退朝，賀歲拜年的大典才算是大功告成。這一連串的禮儀，是否讓人感到皇家過年根本就是個趕通告的行程？一點都不輕鬆，而是非常疲勞啊！

在這段忙碌的過年流程中，雍正和乾隆父子兩人有個共同習慣，那便是在登上太和殿接受百官拜年之前，先在養心殿裡飲一杯屠蘇酒。他們用的是以黃金鑲嵌珠寶特製、重達一斤的「金甌永固杯」。金甌寓意江山，「金甌永固」即是象徵「江山永固」的意思，在過年期間以「金甌永固杯」飲酒，自然是要為國家取個國泰民安、風調雨順的好兆頭！

新年吃什麼

初一早上的行程還沒完！乾隆離開寶座後乘著四人抬的轎子至重華宮，受貴人、常在等賀禮後，才開始更衣吃早膳。清朝的皇帝每天只吃兩頓飯，早餐一般在早上七到九點，晚餐在下午一點到三點，正餐之間可以吃些小食、點心。那麼過年時的吃食和平常有什麼不同呢？那就是新年第一餐得吃「餃子」，「所謂元旦子時，盛饌同離，如食扁食，名角子，取其更歲交子之義。」子為子時、交與餃諧音，吃餃子象徵著時間的更替、新的時節到來。這時，首領太監會呈上四個餃子，裡面有兩個包了錢，皇帝得依照規矩吃上三個，所以不管怎樣吃都會吃到包了錢的餃子，雖說耍了點小伎倆但也是祈求新的一年四海昇平、吉祥順利。

中午時分，皇帝在乾清宮設宴，由親王、郡王、皇子等多人陪宴；下午，太監傳擺盛宴、奏樂、演戲，諸項表演告一段落後，還要接著擺上酒宴，由皇子拿酒一盅，到乾隆寶座前跪著進酒。乾隆嘗了一口，便會賜酒給陪同宴飲者，隨即停止奏樂、進果茶。宴會結束時間約在下午五點，此時，乾隆終於能喘口氣、深呼吸、小小放空一下了！

雙重忙碌的超級大日子

乾隆五十四年的過年是個雙重忙碌的超級大日子！

這年正逢乾隆八十大壽，又要準備過年，紫禁城自然是忙得人仰馬翻！「乾

〈正月觀燈〉

隆五十四年己酉臘月，以開歲恭屆聖壽八旬，依例樹柱綴聯，普昭鴻慶，恆春久照，萬古熒煌，豈特為上元瑞景，徒誇觀美云爾哉。」也就是從臘月開始，內務府便會備好「萬壽燈」，恭祝皇帝生日以及過年的到來。

點亮宮燈是宮中大事，因此點燈儀式自然不能馬虎。首先，宮殿監副侍一人，從乾清門引掌儀司音樂首領、太監等至丹陛上，東西排立；營造司首領面北，行一跪一叩禮；一名「上燈」敬事房太監同乾清門太監，在乾清門簷下起標燈，掌儀司音樂太監奏丹陛清樂，歌頌「火樹星橋之章」，隆重地點亮了燈火。當宮燈亮起，紫禁城內亮晃晃的景象便如同白日一般燦爛輝煌，象徵著大清盛世的光芒萬丈以及無限榮光！

雙重慶祝之下，「自是每夕上燈，至二月初三日出燈日止。其萬壽燈自樹竿後日懸繡金字寶聯十六幅。屆除夕，於皇上升保和殿筵宴時，總管內務府大臣仍率員役由乾清門進，換聯安燈，並安設兩廊暨甬道石欄上燈。是夕暨元旦、正月十一、十四、十五、十六等日，俱上燈，至正月十八日出燈。其上燈之夕，宮殿監傳各該處首領太監等伺候。」萬壽燈掛起後，每日懸掛繡金字寶聯十六幅、換聯安燈，每一晚都要使用「新火」來象徵萬象更新、歲歲如新，紫禁城將一路閃亮直到上元。「歲十二月二十四日，總管內務府大臣率員役由乾清門輿燈竿進，安設天燈於丹陛下左右，安設萬壽燈於丹陛上左右。是日，宮殿監率首領太監等關防，樹燈竿訖，懸掛天燈。」原本只需在過完年後就撤下的宮燈，因為乾隆大壽的緣故，遂一路閃亮到元宵；除了宮燈以外還有天燈，象徵天上人間、普天同慶，慶祝乾隆萬壽也迎接新年到來。

年貨大街

據說，有一回過年，乾隆可把紫禁城的宮人們給累慘了！

原因是乾隆看到民間如火如荼地準備過年，東走西逛的採辦年貨、各地買賣市集熱鬧滾滾、商業活動熱鬧非凡、百姓歡欣鼓舞，他心中羨慕得很，偏偏自己又不能和百姓一樣自由自在地跑出門逛街、吃喝採買，這實在討厭。於是他腦筋一轉，乾脆把整條年貨大街給搬到圓明園好了。

就這樣，乾隆的「年貨大街」誕生了。吃喝玩樂、買東西、逛大街、各項娛樂應有盡有！這條大街就位於圓明園的同樂園內，皇親國戚和大臣們可以先到同樂園看場戲，再到買賣街採買年貨，也可以到酒店、飯館飲酒吃飯。大街上，太監當起老闆負責擺攤做買賣，那些飽讀詩書的文官、戰功赫赫的武將瞬間變成年貨大街上的小老百姓，全擠在這兒買東西、殺價、貨比三家；乾隆也跟著「下海」跑到大街上吃小食、買小玩意兒，開心得不得了！如此看來，這根本是皇親國戚們湊在一塊兒哄皇帝開心啊！

這一回的紫禁城過大年，從臘月開始一直到二月初三撤下天燈、對聯後才算結束。短暫的歡愉後，又回到了階級分明、井然有序的紫禁城日常。

不曉得多年以後，曾經當過年貨大街老闆的太監、在大街上殺價的文武百官是否會懷念起那個難得平凡卻彌足珍貴的乾隆年貨大街呢？

元宵——煙花和美食都是好戲——

「元宵」在早期節慶形成的過程中，被稱為正月十五日、正月半或月望；隋朝以後稱「元夕」或「元夜」；唐朝初期受到道教的影響遂稱「上元」，至唐末才偶稱「元宵」；自宋朝以後也稱為「燈夕」，到了清朝則將這個日子稱為「燈

《年節習俗考全圖》〈上元燈會〉

節」。

宋朝以後的元宵節可說是愈發熱鬧，從宮廷到民間都有數不清的大小活動。清朝時，相較於宮廷與民間各過各的年，元宵可說是多了一股舉國歡騰的氣氛。

皇帝開工後便有處理不完的政務，不一定有空閒參加各式年節活動，但是到了正月十五的元宵節，還是會像普通百姓一樣賞花燈、放煙火並且舉辦元宵宴會，宴請外藩和親貴。紫禁城的元宵節遠比過年有意思，至少皇帝不用整個晚上到處祭祀、又跪又拜，可以靜靜欣賞美麗的煙火。

滿族入主中原後，有鑑於紫禁城是木造建築且明朝時期一天到晚失火，不太敢在宮中放煙火或大肆燃燈，所以皇帝不一定會在宮中舉辦燈會，有時候會將煙火大會移師到紫禁城之外。然而，民間的燈會不受影響，各式煙花也較前朝更加精緻綺麗。

那麼，這個原本屬於漢人的節日到了紫禁城之中，又是如何度過的呢？

康熙的文武元宵

清初是一段許多國家禮儀、體制尚未完整成熟的時期，但康熙仍然將元宵節過得有聲有色。

《清稗類鈔》記載：「康熙壬戌元夕前一日，聖祖饗群臣於乾清宮，作昇華旁嘉宴詩，人各一句，七字同韻，仿柏梁體。上首唱曰：『麗日和風被萬方。』以次而及滿大學士勒德洪、明珠，皆拜辭不能。上為代二句曰：『卿云爛漫彌紫閭，一堂喜起歌明良。』且戲曰：『二卿當各釂一觴以酹朕勞。』勒德洪果捧觴叩首謝。次日，頒御製序一首。」在乾清宮舉行的宴會中，仿效漢朝柏梁體賦詩的官員雖然都是滿人，然而從活動流程和君臣的互動遊戲中，仍然可以嗅出一絲「漢文化」的氣息。康熙希望調和滿漢，使不同文間得以和樂共存的心思也一覽無遺。

「乙丑元夕，聖祖命於南海子大放燈火，使臣民縱觀，仿大酺之意。先於行殿外治場里許，周植杙木，而絡以紅繩，中建四棚，懸火箱其中。平樹八杆，即八旗也，旗人認旗色分駐，而當前四綠旗，則漢人所駐之地。官民老穉男婦皆許進觀。」為了施放煙火，宮人要先行種植樹木、繫上紅繩、放置火箱，接著八旗子弟各自就定位，不在漢軍旗之內的漢人同樣能夠在此觀賞煙火，頗有「滿漢一家」之意。

元宵這天，康熙會邀請滿蒙諸王出席，賜下酒菜與眾人；每個人都著上亮色衣裳並拿著燈籠跳舞，想喝多少酒就喝多少，邊喝酒邊跳舞唱歌的場景是宴會中極為熱鬧的時刻。跳完「燈籠舞」後，精采好戲一齣接著一齣上演，「既，則火發於箭，以五為耦，耦具五花，掄升遞進。乃舉巨礮三，火線層層，由下而上，其四箱套數，若珠簾焰塔，葡萄蜂蝶，雷電車鞭，川奔軸裂，不一而足。又既，則九石之燈，中藏小燈萬，一聲迸散，則萬燈齊明，流蘇葩瑤，紛綸四重。箱中鼓吹並起，秦靴鬣箓，次第作響，火械所及，節奏隨之，霹靂數聲，煙飛雲散。」康熙命人準備多套煙火，每一套都有不同的主題和特色。點燃火繩時，火線由下往上燃起，四套煙火組合如萬箭齊發般一飛沖天，在空中散發閃亮的光芒；點燃「九石之燈，中藏小燈萬」的煙花時，「萬燈齊明」、「節奏隨之，霹靂數聲」，儼然是個聲光效果一流的皇家盛會！當時的表演項目中，有一點讓人感到萬分驚訝——四套煙火中有一套竟然是由藏在箱中的小朋友從火中一飛沖天後相搏墜地！這是什麼違反「兒少法」的特殊演出啊，竟是小朋友如煙火般飛上天際！若發生在現代，一定會被警察伯伯抓走吧！不過在康熙時代，這可是「象四征九伐，萬國咸賓之狀」，也就是象徵大清盛世、國勢強盛、物阜民豐，是大

山高水長樓

清的國力不容小覷的證明！

五彩繽紛的煙花消散，元宵活動卻還沒完結。隔天，康熙又帶領群臣至獵場打獵、練兵，結束後再前往觀賞百戲，體力充沛得令人佩服。此時，群臣的任務是一一賦詩，恭祝大清「河清海晏、國運昌盛」！有文有武，這就是康熙朝的元宵盛況！

雍正的極簡元宵

康熙的元宵節有精采的煙火大會，還要射獵練兵。那麼，他的兒子又是怎麼過元宵的呢？

雍正說：「華燈夜滿原，布置列星繁。縹緲探三島，離奇演八門。旌旗隨火轉，語笑逐風喧。寓意藏韜畧，遊觀荷聖恩。」意思是康熙的元宵節充滿歡聲、笑語不斷、雜戲演出精采、煙火大會新奇，但除此之外還蘊含著帝王的用心，即「寓意藏韜畧，遊觀荷聖恩」，康熙的深意便是不忘祖宗家法的跑去打獵和練兵。雍正或許心想：「爸爸，好好過節其實挺好的，但您還要練兵啊！」

看來，工作狂雍正還是有稍微放鬆休息的時候。在元宵節這一天，他會和臣民一起同樂，上午先到圓明園的同樂園看連臺戲，接著去「山高水長樓」看馬戲、爬杆等表演，晚上再觀賞煙火放炮；郎世寧畫筆下的〈雍正行樂圖〉雖然不是以元宵為主題，卻也活靈活現地刻劃出雍正的各種裝扮和玩樂畫面，展現出模範勞工雍正的另外一個親切形象。只是，努力擠出時間帶大家看戲、看表演，已經是雍正的極限，他心中可是急著衝回養心殿批摺子啊！

雍正的內心吶喊：「朕要批摺子啊！事情做不完啊！」

乾隆的豪華元宵

接下來，我們來看看含著金鑲子出生的乾隆如何過元宵吧？

乾隆和他老爸一樣喜歡在「山高水長樓」過節，此外還增加了元宵節的假期天數。

《嘯亭續錄》：「乾隆初定制，於上元前後五日，觀煙火於西苑西南門內之山高水長樓。樓凡五楹，不加丹堊，前平圃數頃，地甚爽塏，遠眺西山如髻，出苑牆間，渾如圖畫。是日申刻，內務府司員設御座於樓門外，凡宗室、外藩王、貝勒、公等及一品武大臣、南書房、上書房、軍機大臣以及外國使臣等咸分翼入

〈鳳城祥靄〉，吉祥之意

座。」喜歡熱鬧的乾隆在「山高水長樓」觀賞煙火，各國使節和王公貴族、文官武將、一級軍機大臣都會受邀進宮同樂，這是皇帝對臣子們的嘉獎，也是趁機向各藩屬國宣示清朝國力強大的好時機。

而「山高水長樓」的煙火大會有什麼特色？《嘯亭雜錄》提到當時的場景：「圃前設火樹，棚外圍以藥欄。上入座，賜茶畢，凡各營角伎以及人禁人未兜離之戲，以次入奏畢，上命放瓶花。火樹崩湃，插入雲霄，洵異觀也。膳房大臣跪進果盒，頒賜上方，絡繹不絕，凡侍座者咸預焉。次樂部演舞燈伎，魚龍曼衍，炫曜耳目。」眾人入座後，皇帝開始賜茶，接著與大夥兒一起觀賞百戲和一段小型煙火秀。同時間，御膳房還會不停地進獻果盒，大家吃著水果點心的同時盡情欣賞「火樹崩湃，插入雲霄」的煙火，以及「各營角伎」的表演。

光看角伎表演不過癮，必定要加碼表演「馬上功夫」，《簷曝劄記》提到當時的表演項目：「先有八旗變馬諸戲：或一足立鞍凳而馳者；或兩足立馬背而馳者；或扳馬鞍步行而並馬馳者；或兩人對面馳來，各在馬上騰身互換者；或甲騰出，乙在馬上戴甲於首而馳者，曲盡馬上之奇。」瞧！平日未曾停止軍事訓練的八旗勇士此時紛紛獻上各式「與馬共舞」的表演，以賣力的演出博得滿堂彩，也增添了不少過節的歡樂氣氛。然而小型煙火秀、馬上功夫還不夠過癮，其他重頭戲將要接力登場，也就是大型煙火秀要來了！「伎畢然後命放煙火，火繩紛繞，砉如飛電，俄聞萬爆齊作，轟雷震天，逾刻乃已。上方回宮，諸大臣以次歸邸，時已皓月東升，光照如畫。車馬馳驟，塞滿堤陌，洵昇平盛事也。」宮廷開始施放煙火時聲音震天價響、光芒閃耀天空，使得「光照如畫」，當眾人賞完「萬爆齊作」的絢爛花火準備回家時，還能看見天空中尚未消失的五彩煙花呢！

《簷曝劄記》說：「日既夕，則樓前舞燈者三千人列隊焉，口唱〈太平歌〉各執彩燈，循環進止，各依其綴兆，一轉旋則三千人排成一『太』字，再轉成『平』字，以次作『萬』、『歲』字，又以次合成『太平萬歲』字，所謂『太平萬歲字當中』也。舞罷，則煙火大發，其聲如雷霆，火光燭半空，但見千萬紅魚奮迅跳躍於雲海內，極天下之奇觀矣。」將近傍晚時，表演百戲的人員紛紛出動，一邊拿著彩燈一邊唱著〈太平歌〉，轉眼間，三千多個表演人員開始將手中的彩燈依照「太平萬歲」四字變換隊形，皇帝看了一定笑到合不攏嘴吧！皇帝、皇后與眾官員、使節、貴族們一起吃吃喝喝、聽歌、看表演，High了一整夜！他們聽到的〈太平歌〉歌詞是這樣的：「萬民歡樂，萬方熙皞，昇平節，瑞應昭瓊蕊飄蕭，寶殿開法曲雲璈，魚龍夭矯，嵩祝聲高。金支麝氣飄，西吠琉璃四照，影娥池鳳燭繞，百子池涎爇龍膏，九華燈篆烟消，寒星纍纍綴銀霄，蟻穿九曲珠光耀，好良宵，是皇家景福滔滔，氷滿山椒，花簇百枝嬌，月輪正高。燈和月，一片霄，是皇家景福滔滔，而殿當中，黼座高春悄，銅壺漫敲，笙歌千萬里。遙是皇家景福滔滔，良宵正好，正好良宵，看皇都萬井多娛樂，良宵正好，正好良宵，蓬壺清窈，銀海光搖，百和香霏瑤，島紫羅囊繡綵飄，花匼匝，東風吹飽，同慶清朝。小梅梢，暗香浮動，淡烟籠罩，月上柔枝，露滴輕苞。今宵裡，巷舞衢歌，遍寰瀛，同慶清朝。願春光，年年好，三五迢迢。不夜城，燈月交，奉歡暮暮朝朝。成裔成卿，萬朵祥雲護帝霄。」歌詞中表達了萬民同歡的景象，這是皇家賜給全天下百姓的福氣，在燈火和月光互相輝映中，天下人不分你我的一起共度良宵。而普天同慶時，人們心中的盼望便是這樣的太平景象能夠長長久久地下去。此外，老百姓還有一個更大的願望：「皇帝啊，天上的神仙們都護祐著您啊！看那萬朵祥雲護帝霄，便是老天爺正守護著皇上啊！」想當然耳，這樣的歌詞是寫來逗皇帝開心的，表示在歌舞昇平的盛世之中，紫禁城、全國百姓、各國人士都能得到上天庇佑，而這份庇佑自然是先賜給「天子」囉！天子萬福，全天下才得以萬福啊！

乾隆過元宵，有吃喝、有表演、有煙花，還邀請了一群人同歡，展現十足的大國氣派！同時，我們也清楚地看到滿人入關後面對了無法抵擋的漢化結果。

從朝鮮來到紫禁城的金正中在《燕行錄》中記載了他親眼所見的景象：「乾隆五十六年正月十三日，下小雪。午後去了圓明園，進圓明園後，過了兩個門，走了一百多步，看見了一座兩層的閣樓，匾上有山高水長四字，閣樓沒有裝飾金玉，也沒有彩畫，天然質樸。閣上廡下懸掛了羊角燈，階墀左右以絲織物搭帳篷，帳篷中用青紙作假山，假山上懸掛彩燈，清朝官員以及諸使臣點班的處所分處路的東西面。他們在這裡看到了腳戲（摔角）、西洋秋千、回國子庭戲、燈戲、煙火等表演。」

除了金正中的《燕行錄》以外，乾隆五十九年，朝鮮的李在學也在《燕行日記》中記錄了正月十三、十四日兩天，舉辦在圓明園山高水長樓的火戲、燈戲以及戲曲表演。戲曲表演有：「演戲第一部奏中朝雅樂，次呈角紙戲，次呈畫袴驅儺，次呈才人步繩，次呈高麗處容舞，次呈回回韜鼓弄羊之戲，最後呈金川樂。」十五日參加放生烏鵲的放生宴並向乾隆進獻詩歌，到了晚上則是欣賞燈

（上）鍍金裡銅琺瑯盤（下）鍍金裡銅琺瑯碗

戲、火戲表演。

從這些記載中可以知道，乾隆朝後期，元宵節的慶典活動一連舉辦多日且幾乎每晚都有各式表演。一年一度的元宵，就在煙花燦爛、精采表演、美食饗宴以及天子萬福中開心度過。

元宵吃什麼

看燈看得眼花了、賞煙花賞到脖子痠了，那就吃點東西吧！從乾隆三十年的《節次照常膳底檔》記載可以看到當天的吃食：「卯初二刻請駕，伺候冰糖燉燕窩一品（用春壽寶盤金鐘蓋）。卯正一刻，養心殿東暖閣進早膳，用填漆花膳桌，擺燕窩紅白鴨子南鮮熱鍋一品、酒燉肉燉豆腐一品（五福琺瑯碗）、清蒸鴨子糊、豬肉鹿尾攢盤一品、竹節卷、小饅首一品（黃盤）。」

這只是乾隆一人的菜單，沒人知道皇帝會吃到什麼菜色，又或者皇帝喜歡什麼食物，但妃子們可就自由多了，她們可以依照喜好，進些喜歡的菜色：「舒妃、穎妃、愉妃、豫妃進菜四品、隨送麵一品、老米水膳一品（湯膳碗五穀豐登、琺瑯碗金鐘蓋）；額食四桌，二號黃碗菜四品、羊肉絲一品（五福碗）、奶子八品，共十三品一桌；餑餑十五品一桌、盤肉八品一桌、羊肉二方一桌。」乾隆吃完晚餐後還賞賜了幾道沒吃的佳餚給妃子們，這稱為「賜菜」，賜菜可是一項光榮喔！受到賞賜的也許是貼身伺候皇帝的奴才、照顧皇子公主的奶媽、受寵的嬪妃、皇子公主的生母，更重要的賞賜對象則是和清朝有和親關係或者出身高貴的嬪妃，皇帝用賜菜的方式告訴這些人：「嘿！我很重視你，有把你放心上，我知道你很辛苦啦！」

吃晚餐了！乾隆進了哪些好料呢？

這晚，乾隆在黃新莊行宮用晚膳，「正月十六未正，黃新莊行宮進晚膳，用折疊膳桌，擺燕窩鴨子熱鍋一品、油煸白菜一品、肥雞豆腐片湯一品（此二品五福琺瑯碗）、奶酥油野鴨子一品、水晶丸子一品、攢絲烀豬肘子一品、火熏豬肚一品（此三品二號黃碗），後送小蝦米油火渣炒菠菜一品、蒸肥雞燒麅肉鹿尾攢盤一品、豬肉餡侉包子一品、象眼棋餅小饅首一品；烤祭神糕一品、琺瑯葵花盒小菜一品、琺瑯碟小菜四品、隨送粳米膳一品（湯膳碗五穀豐登琺瑯金碗）；額食七桌：奶子八品、餑餑三品、二號黃碗菜一品，共十二品一桌；奶子二品、餑餑十五品（內有攢盤爐食四品），共十七品一桌；內管領爐食十品一桌：盤肉二桌，每桌八品；羊肉二方二桌。」光是看到這份令人垂涎三尺的菜單都飽了，但是菜還沒上完，到了看煙火大會的時候還會繼續上菜、繼續吃！

「正月十六日酉初二刻，萬歲爺宮門升座，同王子、大人等看煙火盒子。將茶膳房隨送上用豐登果盒一副、元宵一品（五穀豐登琺瑯碗）賞兩邊王子、蒙古王、貝勒、貝子、郭什哈昂邦、額駙、轄大人、總督、提督、布政、按察官員人等，霍濟斯王、年班回子等共用鼓盒、果盒十六副，攢盤餑餑果子六十盤，元宵二十八盒（每盒八碗），系內管領伺候。」歡慶元宵時，重要官員、蒙古親王等人都能一同享用宮中美食，這時候少了許多規矩，可以稍微放鬆一點，吃自己喜歡的料理。

煙火大會即將結束，皇后、王公貴族、諸部親王總算可以好好休息時，沒想到乾隆竟然還惦記著吃，其實這是因為每一頓飯他都沒能吃上幾道菜，更不用說想要吃飽了。畢竟「少量多餐」是帝王日常的飲食習慣，除了一天兩餐之外，回到行宮後，一桌美味料理已經在等著乾隆。那麼桌上有哪些料理呢？

乾隆的用膳底簿記下了當晚的消夜，雖說是消夜，但實在相當豐盛。「看煙

（左）觀象臺，欽天監觀察天象之處（右）西陵，皇家陵寢

1990年代的清朝皇家陵寢

火畢還行宮，伺候肉絲酸菠菜一品、鮮蝦米托一品、醋溜鴨腰一品、鍋雞一品。上進畢，賞皇貴妃蝦米托一品、舒妃酸菜一品、慶妃醋溜鴨腰一品、穎妃鍋雞一品。」乾隆也許嘗了一口肉絲酸菠菜也可能喝了碗雞湯，又或者吃了一口醋溜鴨腰，總之仍然不忘賜菜給嬪妃們。真想知道，他到底吃飽了沒？

清明—皇帝祭祀真辛苦—

清明祭祀屬於清朝陵寢四時大祭「清明、中元節、冬至、歲暮」之一。清明大祭時會舉行「敷土禮」，也稱「上土禮」，禮畢後還要舉辦祭拜祖先的「大饗禮」。

一生擁有無盡風光與榮華的皇帝，幾乎都會在生前就挑選好風水寶地做為自己未來的居所，決定地點以後便開始建造陵寢。《清史稿》就記錄了順治為自己選陵寢的故事：「先是世祖校獵於此，停轡四顧曰：『此山王氣蔥鬱，可為朕壽宮。』因自取佩韘擲之，諭侍臣曰：『韘落處定為穴。』至是陵成，皆驚為吉壤」；《嘯亭雜錄》也記載了同一事件：「章皇嘗校獵遵化，至今孝陵處，停轡四顧曰：『此山王氣蔥鬱非常，可以為朕壽宮。』因自取佩韘擲之，諭侍臣曰：『韘落處定為佳穴，即可因以起工。』後有善青烏者，視丘驚曰：『雖命我輩足遍海內求之，不克得此吉壤也。』所以奠我國家萬年之業也。」可見風水影響了順治選擇陵寢的心情，而這些記錄也間接說明了順治頗諳風水之道呢！

在清朝，子孫們對祭祀先祖向來不敢有怠慢之心。我們先從「謁陵」談起。謁陵之意為「到陵墓前拜謁、瞻仰」，而謁陵的時間需要欽天監安排，擬定適合的吉日和人選。當皇帝決定巡邊、前往避暑山莊，或者將待葬妃子、皇后送往陵寢時，欽天監會盡量挑選一個最恰當的日子。此時，皇帝可以親自拜謁也可以派王公大臣代為拜謁，當然，無論由誰前往都得經過欽天監的認證許可。清朝的祭祀大事十分依賴欽天監，這也顯示著皇帝對於祭祀的尊重與重視。

敷土禮

《欽定大清會典》記錄了關於「敷土」的禮制，而這一禮制會隨著在位者不同而有所變化。敷土即是「皇帝頂著裝滿土的土筐步行到寶頂上，然後將土均勻地倒在寶頂上面」，這項儀式十分慎重，朝廷會派遣承祭官主持執行並由皇帝親自參與，為陵寢中的先帝、先后、妃嬪等人的寶頂添加淨土。

那麼，一套完整的敷土禮該如何進行？這是禮部負責的工作，流程是這樣的：皇帝前往陵寢的前一天，石門工部會先預備兩小筐潔淨的「客土」置於陵寢羅圈牆外；祭祀當天，皇帝乘輿到隆恩門外，更衣幄次內更換縞素，隨行王公大臣也必須身著素服、冠去纓緯；此時，禮部堂官便準備奏請皇帝行「敷土禮」。

在皇帝即將到達陵寢時，陵寢內務府大臣提前將土筐擔至寶頂東石柵欄門外等候皇帝抵達，並將土合併為一筐後跪捧呈給幫扶添土的大臣，大臣再將筐捧送達至寶頂，跪獻給皇帝。這時候，皇帝乃是雙手舉過頭頂的「跪接」土筐，然後再起身添土於寶頂上，結束後把筐子交給幫扶大臣，步下寶頂後脫掉護履，前引大臣再引導皇帝從原路離開陵寢。完成了這一系列儀式，「敷土禮」就算大功告成。

從流程來看，皇帝只需要從紫禁城出發前往皇陵，步行至寶頂後「跪接」土筐，再「起身」敷土，便是遵守了清明祭祀的專屬禮儀。

然而，凡事總有例外，雍正就不是這樣搞的！

雍正二年，也就是雍正登基後的首次清明祭祀，他到景陵祭祀康熙、親行敷土禮。這是清朝皇帝第一次親行敷土禮。當時凡參加敷土禮者都著黃布護履，將所挑的兩筐土合併為一筐，由雍正雙手捧著土筐，跪著膝行上寶頂，到寶頂頂部跪著將土倒在寶頂上，再跪著匍匐退下。行敷土要敷十三擔，雍正只敷土一擔，其他十二擔土由十二名大臣挑著土從西磴道上明樓，然後敷土。

祭祀這天，據說他是用「跪行」的方式，嚎啕大哭跪地爬上了寶頂，倒完土後又跪著退下寶頂。這一來一往可不得了！雍正的膝蓋不只磨破了、流了血而導致現場血跡斑斑。鄉間野史於是傳說著，這驚天動地的大哭，哭到樹葉沙沙沙搖動、風沙也漫天飛起，天地萬物皆為其親情而震動！而這場敷土禮中的「血光之災」則成為清朝的首例也是唯一的特例！

從乾隆朝開始，將敷土十三擔改為一擔。皇帝親行敷土禮時只需走到寶頂上，直到敷土處才跪下敷土即可；嘉慶之前，皇帝親行敷土禮要在先帝去世二十七個月之內舉行，但嘉慶認為若欲展現孝思，則需增加敷土禮次數。因此他親行敷土禮四次；之後道光舉行兩次、同治舉行一次、光緒舉行兩次。但由於每次敷土禮都會耗費大量的人力、物力，所以清朝皇帝不會每年都親自前往。以同治四年的清明祭祀來說，載淳和兩宮皇太后祭東陵，乘坐的馬車超過了一千輛，都是在京城邊上的州府縣道雇傭而來，攜帶的乾鮮果品就多達十六種，重達四千八百六十斤，一共花費了三、四十萬兩白銀。為了彌補這道資金缺口，內務府決定向山東鹽政求援，可是山東鹽政根本不買內務府的帳，無奈之餘，內務府只得向戶部借款才將祭陵的開支給勉強打平。不過，相對前面幾位皇帝的開銷，同治朝還算是少的，如此可推知前面幾位皇帝的敷土禮必定所費甚鉅啊！

向祖先行大禮

大祭始於康熙二年，每年清明、中元、冬至及年底都會舉行，對象為帝陵和后陵；雍正十三年十月十三日，將各皇帝皇后的忌辰也納入大祭之中。舉行祭典時，太常寺會奏請王公致祭，有時皇帝也會親自主持。

大祭的流程相當耗費心力，前一天，陵寢內務府官員領催、差役，連同陵寢兵部和祭祀禮部官員一起布置祭祀會場，他們打開隆恩殿門並且打掃內部、放置雨搭，接著禮部官員恭請龍亭後，再由禮部校尉用龍亭將祝版、制帛抬送到東配殿內。

大祭當天的五鼓後，內務府人員打開隆恩門，在東配殿前撐起涼棚並打掃月臺。待隆恩殿開啟，宮人會點燃十二盞「滿堂紅」懸燈和檀香；此時內管領帶領領催、差役將酒尊、爵盞、奠池、節壺、馬勺等祭器抬至殿內，並設於兩旁酒案上供奠酒時使用。禮部官會同屠戶將牲匣抬進隆恩殿，在牲匣內擺放好太牢；接著內務府官員開啟神龕，掌關防郎中等行禮、各司員進茶桌供奶茶、進膳桌供膳品（包括配清醬和麵醬的蕨菜、蘑菇等野菜，山葡萄、奶子乾等野果子，野雞、野黑牛、羊肉、鹿肉、牛肉等肉食，六十五盤餑餑、鵝蛋、鴨蛋、雞蛋、奶皮、炸高麗餑餑等等），再來是進果桌設果品（有蘋果、黃梨、荔枝、龍眼等），遞香盒、點蠟燭、供爵塾。膳品配置完成後，八旗官員共赴膳房抬請膳桌，內務府官員引至殿內後由膳房人員將膳品傳遞，尚膳正負責供獻。擺供完畢，八旗官員再將空桌抬出並由禮部官員請祝版、制帛；禮部監禮司官員會同內務府官在大殿暖閣內行一跪三叩頭禮，接著才請出皇帝、皇后神牌安置於寶座之上，再行一跪三叩大禮；皇帝就拜位後跪接香盒，三上香，率群臣三跪九拜後起身，祭祀才算大功告成！簡單來說，就是跪、拜、再跪、再拜、一直跪、一直拜的隆重儀式。

從清明的「敷土禮」或者「大祭」過程來看，即使清朝帝王不忘先祖開國之艱辛，漢文化仍然逐漸滲入滿人的生活形態之中。無論是祭祀的跪拜行禮方式、

《端陽故事圖冊》〈懸艾人〉

各項祭祀工具，還是祭祀的食物，都深受漢文化的影響。

祭祀是每個民族都有的文化傳統，若連祭祀大事都受到漢人文化影響，整個清朝終將注定無法避開漢化，而是逐漸的將漢文化融入生活諸事之中了！

端午——不能吃又吃不完的粽子——

清初，宮中人們會於端午節時在頭上戴艾絨、女官們則在頭上戴一串親手用紅綠綢子做的老虎掛飾，腳上穿著繡了五種毒蟲的鞋子，藉此防毒強身。

隨著清朝國勢越來越穩定、經濟富庶，生活方式多元，過節的內容自然地產生更多變化。此時，一遇重要節日，永遠處在忙碌狀態的內務府就更忙了！

雍正的香袋

雍正元年三月十八日，內務府開始籌備端午節的用品和食物，根據紀錄：

「怡親王諭著做端陽節備用戴花一百匣，蝠兒二十匣，娃娃二十匣。遵此，於四月二十九日做得戴花一百匣，蝠兒二十匣，娃娃二十匣。張起麟呈。進訖。」瞧，內務府得變出多少東西來過端午佳節！這還只是開端，負責端午事宜的怡親王於四月十四日再次要求內務府：「領廣儲司銀兩，做紫金錠六料，蟾酥錠四十料，離宮錠一百料，鹽水錠六料，大黃扇器四百個，鵝黃素緞兩面寫畫長方香袋四十個，鵝黃素緞兩面寫畫圓香袋四十個，鵝黃素緞繡五毒香袋四十個，五色絨纏蝠兒香袋四十個，五色素緞繡五毒香袋四十個，賞用香袋四百個。」

內務府接到這筆大訂單後，要做出大量的「錠」供紫禁城中人佩戴，並且編織數百個驅毒防身的香袋。自領到怡親王的命令後，他們便開始晝夜不停地加班趕工，「於五月初一日做得：紫金錠六料，蟾酥錠四十料，離宮錠一百料，鹽水錠六料，大黃扇器四百個，鵝黃素緞兩面寫畫長方香袋四十個，鵝黃素緞兩面寫畫圓香袋四十個，鵝黃素緞繡五毒香袋四十個，五色絨纏蝠兒香袋四十個，五色素緞繡五毒香袋四十個，賞用香袋四百個。怡親王呈造進訖。」大功告成後，總算讓怡親王滿意、雍正滿意、紫禁城中人滿意，只是著實苦了內務府中的數百名工作人員的雙眼和雙手。

怡親王特令內務府製作香袋是有原因的，因端午節時各地政府官員定會進

〈五月競舟〉

貢香囊給皇帝，其材質多為金銀、象牙等名貴材料。但這絲毫沒有贏得雍正的歡心，節儉的雍正曾口諭：「近因端陽令節，外間所進香囊、宮扇中，有裝飾華麗、雕刻精工者，此皆開風俗奢侈之端，朕所深惡，而不取也。」厭惡奢華的雍正開口了，內務府自然得在端午前備好既不失皇家風範又不會過於奢華的香袋以供宮中的人們使用。

乾隆的粽子

根據乾隆的穿戴檔案記載：「每年五月初一日起掛五毒荷包」，也就是他從五月初一開始掛香包，一路掛到五月初五。換句話說，紫禁城的端午節從五月初就開始了！這時候宮廷眾人也會穿戴應景的五毒錦，小孩子則以虎紋為尚；同時，每個人都會佩戴「五毒荷包」來驅除疾病和災難。

至於端午節必備的粽子，皇家當然也不會錯過！每年端午節包粽子的米糧，在年初就已規劃完畢，膳房會派人到內務府造辦處領取包粽子所使用的江米。由於宮裡包粽子的廚役有限，端午節前還需要臨時從宮外調入許多幫廚，日夜不停地包粽子。為了使皇帝滿意，廚役們從過節前十幾天就開始精心設計粽子的形狀，從粽子外形到粽餡都需要逐級上報，直到皇帝的諭旨同意粽子形狀和餡料為止。因此在紫禁城中可能會看到方的、尖的、抓髻式的粽子大軍。

粽子包好後總該賞給大夥兒了吧！不，在吃粽子前得先「看」粽子。依據乾隆十八年端午節的膳單記載，乾隆的膳桌上共擺放了一千兩百七十六個粽子，皇后的膳桌上擺放了四百個粽子，其他重要皇室成員的膳桌上共擺放六百五十個粽子，光擺著「看」的粽子就超過兩千個。看都看飽了還是不能吃，宮人會開始逐步分發粽子，並堆成一座座像小山一樣的「粽席」讓大家繼續觀賞。「粽席」擺在皇帝、皇后、皇太后及諸嬪妃的膳桌上，用三號銀碟裝，每盤十八個；二號銀盤裝，每盤二十二個；二百個粽子算作一「方」，每個膳桌上擺兩方。飲食檔案記錄：「五月初一至初四，每日用粽子三百八十八個，初五用粽子一千一百個。五日共用粽子二千六百五十二個。」別意外，這個浮誇的數字、浮誇的吃法，就是紫禁城的端午節實況。所有參加端午宴會的皇親國戚、王公貴族、外國使臣都需看完兩輪粽子大秀以後，才由宮人獻上粽子給在座的眾人。

上完粽子供、設粽席後，皇帝開始賞賜給文武大臣、太監宮女每人一份粽子，這些賞賜得連續吃上五天，千萬不要覺得這些人吃五天粽子真可憐，從乾隆的端午膳食檔來看，就連皇帝也躲不過連吃五天粽子的命運：「乾隆十八年五月初一：伺候萬歲爺早晚膳攢盤粽子兩品（二號銀碟）安膳桌賞用。早晚膳伺候備用粽子兩桌，每桌八盤（共計三百八十八個粽子）。初二、三、四，三天與五月初一同。」大家也許會好奇，不是一樣的粽子嗎？為什麼還要東擺西擺地分成好多盤？原因很簡單，這是老祖宗留下來的規矩，不可違背！照規定，食物不能單一、需要多樣以保護皇家安全，所以即便是一樣的粽子也得放在不同的盤子中，置於不同的桌子上。「五月初五，早膳伺候萬歲爺攢盤粽子一品，伺候額食四桌，餑餑四桌，奶子八品。盤肉八盤一桌，粽子八盤一桌，粽子二方一桌（共計五百九十四個）。晚膳伺候萬歲爺攢盤粽子一品（三號銀盤），安額食桌伺候粽子四盤。配奶皮敖爾布哈四盤，粽子兩方一桌（共計五百零六個）。」一直到初五這天，乾隆的粽子大餐才終於有了一點變化，桌上增加了肉和奶皮敖爾布哈。面對終於有了變化的菜色，乾隆該有多安慰感動啊！

端午節除了吃粽子以外，皇帝會喝菖蒲酒，並賞眾人雄黃酒，目的都是驅除災難、祈求好運；膳後的茶果則有桑椹、櫻桃、茯苓等應時鮮果。

吃飽喝足後，娛樂時間到來。自五月一日，圓明園福海開始表演划龍舟，五月五賽龍舟當天，皇帝會率王公大臣在西岸望瀛洲亭觀閱，皇太后及后妃內眷則在蓬島瑤臺欣賞；宮內還會加演「應承戲」，就是搭配節日的劇目，例如屈原投江、天師收妖、採藥登仙等。吃點心、喝小酒、看戲，這樣的悠哉生活在紫禁城中實屬難得，除了得吃上五天的粽子以外，實在沒什麼好抱怨的了！

乾隆五十六年，安南國王派來的使者恰好遇上端午節，使者經由桂林來到京城時，乾隆頒下諭旨：「彼時已屆端陽，可以瞻視龍船競渡，酌賜宴賚，毋得拘泥。」意思是讓使者在京城中細細感受清朝的端午氣氛，以及記得回去告訴他們的國王：「清朝國力十分強大！」這名使者也是個聰明人，將清朝的佳節景象描述得令安南國王心生嚮往，於是對清朝表現出更崇高的敬意。皇帝一高興，隔年的端午節就送出大量精美禮物了！賞賜如下：「乾隆五十七年五月初二日，賞賜安南國國王阮光平：十錦香袋、繡香袋、甜香珠、線絡香念珠、香珠、香餅、曹扇、芭蕉扇、宮扇、芙蓉手巾、錠子扇器、紫金蟾酥、離宮錠、鹽水錠等。」真真是乾隆一開心，大家都福氣！

提到端午節，人們會想到划龍舟、吃粽子、喝雄黃酒。其實在端午節時，紫禁城中的人們和民間一樣會佩戴香袋以防蚊蟲、祈福、驅除汙穢之氣，以及吃當

〈八月賞月〉

令水果、喝菖蒲酒、雄黃酒、看戲、看龍舟比賽。在規矩森嚴、充滿繁文縟節的紫禁城內，這或許是最親民的節日了吧！

中秋——如意圓滿聯歡大會——

「中秋節」始於唐初、盛行於宋朝，至明清時已成為人們生活中的重大節慶之一，各種慶祝活動也應運而生。

融合滿漢的中秋文化

《燕京歲時記》：「京師謂神像為神馬兒，不敢斥言神也。月光馬者，以紙為之，上繪太陰星君，如菩薩像，下繪月宮及搗藥之玉兔，人立而執杵。藻彩精致，金碧輝煌，市肆間多賣之者。長者七八尺，短者二三尺，頂有二旗，作紅綠色，或黃色，向月而供之。焚香行禮，祭畢與千張、元寶等一並焚之。」滿洲百姓將神像稱之為「神馬兒」或「月光神馬」，他們在紙上繪製太陰星君神像、月宮、玉兔；「神馬兒」有不同規格、色彩以供選擇，百姓會拿來焚香、祭月；另有「兔兒爺」乃專供兒童祭月之用，祈求兔兒爺替孩子帶來平安與健康。

從《帝京景物略》可以看到清朝民間百姓的祭月過程：「八月十五日祭月，其祭果餅必圓，分瓜必牙錯瓣刻之，如蓮花。紙肆市月光紙，繢滿月像，趺坐蓮花者，月光遍照菩薩也；花下月輪桂殿，有兔杵而人立，搗藥臼中。」祭月時一定要有圓圓的月餅、刻上花紋的西瓜，還有畫著月兔的月光神馬。準備好祭祀用品後，「紙小者三寸，大者丈，致工者金碧繽紛。家設月光位於月所出方，向月供而拜，則焚月光紙，撤所供，散家之人必遍。」人們朝著月亮升起的方向焚燒不同尺寸的月光神馬，再將焚燒後留下的紙片撒在家中，這樣一來，太陰星君便會保佑全家平安康泰順遂！

吃不完的月餅

《欽定宮中現行則例》記載了清宮在各大節慶中必須注意的各項禮儀，而在中秋節時舉行隆重的「祭月」典禮是最重要的事情。

《清宮二年記》：「八月十五日，則中秋節之典禮也，亦有謂之至月節

清 張廷彥〈中秋佳慶〉

者。至月節之名之所由來，則由於中人率信月圓時，非真圓，必至此日，乃得其全。」又，「是日應行諸儀，僉由宮眷為之指揮，於月之上升時，且拜之焉。其他典禮，與龍舟節者無不同，太后之與宮人等，亦互有所獻賚。節禮之終，則殿以戲。」「是日應行諸儀」就是在月亮上升時由宮中輩分最長者率領眾人舉行「祭月」典禮，之後欣賞應承戲、吃月餅則是標準配備。

內務府會在中秋前先行準備好祭祀的事項：「設供案、奉神牌、備香燭、斗香、燎爐、拜褥，御茶房、御膳房設貢獻四十九品。」供案用於祭祀時擺放祭品，如神牌、香燭等；在「御茶膳房」尚未整併成「御膳房」的時候，御茶房負責準備奶茶、御膳房負責準備月餅和其他吃食，一共四十九樣食物以供祭祀使用。

月餅企劃案

不意外地，乾隆的中秋節過得相當浮誇，因為他的生日在八月十三日，只和中秋相隔兩天，怎可不趁機大肆慶祝一番呢！

「八月十三上萬壽節，皇太后行宮行禮，御澹泊敬誠殿扈從王公大臣行慶賀禮，上奏皇太后於卷阿勝境侍膳，此王公大臣等宴凡三日。」乾隆萬壽當天，他先向母后行大禮再接受朝臣的叩拜，然後和太后一起吃飯，最後正式啟動連續三天的萬壽兼中秋聯歡大會。

乾隆盛世，他要與天下人同慶。因此自乾隆的萬壽到中秋這幾天，皇家會從避暑山莊一路慶祝回紫禁城，或者直接在避暑山莊過中秋。無論在何處過節，排場絕對盛大！

若是在紫禁城過中秋，內務府會在乾清宮擺上祭月專用的「如意月供」。往乾清宮一望，會看見「如意月供」的第一路是「正中擺月光神馬，左擺子母藕，右擺黃豆角、毛豆角」；第二路「月光神馬前擺十斤月光彩畫月餅，左擺鮮果三品（蘋果、梨、柿子），西瓜一品（切成荷花瓣形），右擺鮮果三品（葡萄、石榴、桃），西瓜一品（切成荷花瓣形）」；第三路「正中設香爐，左擺茶鍾三件，右擺酒鍾三件，茶、酒前擺三斤重彩畫光圓月餅（兩個一盤），奶子月餅由小至大成寶塔型。」祭品以滿洲舊俗「月光神馬」和獨特的「奶子月餅」混搭漢人慣用的祭祀用鮮果，諸多品項組成了毫無違和感的「如意月供」。

越往乾清宮裡走，看到的祭品就越豐富，其中最精采的莫過於「月餅塔」了！「月餅魔人」乾隆對月餅的數量、形狀、大小、餡料和圖案都有特殊要求，因此內務府會在中秋前大約兩個月擬好各種「月餅企劃案」讓皇帝挑選，然後開始瘋狂製作月餅。在乾清宮中所看到的「月餅塔」就是乾隆精挑細選出的企劃，也是內務府日夜趕工的成果。據《節次照常膳底檔》記載，乾隆特愛的「如意月供」月餅乃是「彩畫圓光大月餅」，直徑四十公分，重量在十五斤左右。這個十五斤超大型驚人月餅也成為之後中秋祭月的必備聖品。

「如意月供」中的月餅塔既然稱為「塔」，就表示月餅有大小之分，還得由大至小、越擺越高。例如：「最大月餅直徑二尺，用麵十斤；最小月餅直徑二寸，用麵二兩五錢。」為了在中秋大會上呈現完美的月餅塔，宮人們得捧著月餅，一個又一個小心翼翼地往上堆疊，再度苦了宮人們！

至於月餅上的圖案，這一年乾隆決定的是「月餅模子一套八件，無論大小紋飾皆相同，陰陽刻出廣寒宮、桂樹和持杵玉兔。」也就是八種尺寸的大小月餅全都刻劃出廣寒宮、桂樹、兔子等傳統又應景的圖案。在皇家眼中，任何事物都有其背後的象徵意義，這個月餅象徵的是期待天下一如往年般順遂、四海之內皆昇平安樂。

「如意月供」準備好，再備妥香燭、酒水、圓餅、雕花多子瓜果等祭品，皇帝和皇后淨手後便開始焚香供月，以酒水奠地後再焚香一到三炷、許下三個願望，祭祀即算完畢。待祭月禮儀結束，皇家晚宴也準備開始了，乾隆五十三年《節次照常膳底檔》記錄當晚擺在皇帝桌上的菜色：「燒鍋鴨子水尹絲、羊肉燉倭瓜、羊肚片、燕窩拌白菜絲、燕窩燴鴨子、蘇造鴨子、蘇造肉、小南桃、小立桃、家常餅、鑲藕、煮藕、蝦米拌海蜇、五香肘子、五香雞、拌糟鴨絲、糖醋藕豆角、羊肉包子、攢盤月餅、梗米乾膳、孫尼額芬白糕、螺獅包子、豆爾饅首、蘿蔔湯、果子粥。」同樣地，我們不會知道皇帝吃了哪幾道菜、吃了幾口。晚宴後，方才祭月用的「月餅塔」再度登場，因為皇帝將恩賞這些大小月餅給宮人們。據《乾隆四十年哨鹿膳底檔》記載：「八月十五日，晚膳，遵例，上賞小餅」，光緒也曾行賞：「四寸月餅五塊，兩寸半月餅十塊，自來紅月餅與自來白月餅各十五塊，敖爾布哈十塊、西瓜各色鮮果毛豆角若干。」吃完皇帝賞的月餅後，心裡就圓滿了嗎？不，眾人還得在五個月後吃下最大塊的「彩畫圓光大月餅」！

換言之，祭月時最大、最澎湃的「彩畫圓光大月餅」是留給大家吃，從中秋一直留到「除夕」，然後一定要吃光光才行！中秋吃到除夕的月餅，太驚人了！

圓明園 九洲清晏區

從中秋放到除夕的團圓餅

在沒有先進冷凍設備的清朝，要用什麼保存方式好讓大家吃下存放五個月的月餅之後不會食物中毒？答案是「陳年豬油」保鮮法！根據曾在紫禁城工作的御膳廚透露，使用陳年豬油製作月餅可使其不致腐壞。他們將提煉好的豬油裝在甕中並埋在地下五年到二十年不等，到了中秋時將埋得最久的豬油取出製作月餅，據說這種製成方式可留住月餅的新鮮和美味。

那麼，放了五個月的餅怎麼吃呢？

祭月之後，將陳年豬油製作成的「彩畫圓光大月餅」切成小塊並置於密閉的甕中，等到除夕夜時取出並按月餅紋飾切分後呈給皇帝，皇帝再按月光、邊欄等賞賜給眾人，大家一起吃「團圓餅」以求團圓。從光緒十五年團圓餅的賞賜紀錄可以看出當時的分食狀況：「圓光切成十九塊，邊欄切成十八塊，進聖母皇太后圓光兩塊，賞皇后圓光一塊，瑾嬪、珍嬪各圓光一塊。」、「儲秀宮總管李蓮英圓光一塊，邊欄一塊；總管增陸圓光一塊，邊欄一塊；內總管首領太監等人圓光兩塊，邊欄一塊；督領事佟祿圓光兩塊，邊欄一塊……」要知道，只有大咖才可以吃到約莫半年前製作的祭祀用月餅喔，不知道大家會不會希望這時候自己只是個超級小咖呢？

除了將月餅賞給宮人以外，皇帝還會命人將月餅送給重要的文武官員。因此在中秋之前，內務府、御膳房同樣會將要送出宮的各式「月餅企劃案」遞給皇帝過目。

乾隆朝的一次中秋節，皇帝賞賜給官員的月餅如下：「奶酥油棗餡月餅四十個、香油果餡月餅四十個、芝麻餡月餅四十個、香油澄沙餡月餅四十個、二百個月餅共二柳條箱」；皇太后賞賜給官員的則是「奶酥油棗餡月餅二十個、香油果餡月餅二十個、豬油松仁果餡月餅二十個、一百個月餅，共一柳條箱」。得到皇帝或皇太后親賜的月餅，這些官員的中秋節才算圓滿落幕。

好戲上演

紫禁城中遇到大節慶，如過年、上元等日子，絕對少不了應承戲的演出。中秋同樣有應承戲風光登場。從昇平署的檔案可知，如果在紫禁城過中秋，會在養心殿或乾清宮供月、漱芳齋觀賞應承戲；若是在避暑山莊過中秋，則在平湖秋月或奉三無私供月、涵月樓上演應承小戲、在同樂園清音閣大戲臺或頤和園的頤樂殿上演應承大戲。戲碼多是鑼鼓喧天、熱鬧非凡的演出，如《丹桂飄香》、《霓裳獻舞》。

在幾座戲臺中，「奉三無私」屬於圓明園九洲清晏區，為圓明園三殿之一、共七間，是舉辦宗親筵宴的處所也是各部院衙門向皇帝呈覽貢品、物件和圖冊的地方。殿內有寶座、寶床和戲臺，舉行宗親宴時，昇平署太監就在戲臺上唱戲或奏樂。「涵月樓」是一組臨水建築，前半部分沒入水中、左右兩側各有一組水亭和水榭，以九曲橋連接在一起。它位於九洲景區後湖北岸、慈雲普護之西、杏花春館之東，是圓明園較早修建的建築，在雍正年間就已建成。主體建築涵月樓為臨湖樓房，是一座兩層敞閣、上下三楹、左右有亭，樓後為平安院的建築，外檐懸掛乾隆御筆「上下天光」四字。此處的戲臺寬敞、多層，又因空間設計有聚集聲音的效果，使得演員的聲音不容易散開，聽戲的人聽得特別痛快。聲音佳、戲臺子寬敞、三層建築可供多元演出，這些優點使奉三無私成為皇家最為鍾愛的一座戲臺。

趙翼《檐曝雜記》談到應承戲劇目和表演方式：「中秋前二日為萬壽聖節，是以月之六日即演大戲，至十五日止。所演戲，率用《西遊記》、《封神榜》等小說中神仙鬼怪之類，取其荒幻不經，無所觸忌，且可憑空點綴，排引多人，離奇變詭作大觀也。戲臺闊九筵，凡三層。所扮妖魅，有自上而下者，自下突出者，甚至兩廂樓亦作化人居，而跨駝舞馬，則庭中亦滿焉。有時神鬼畢集，面具

《年節習俗考全圖》〈中秋賞月〉

千百，無一相肖者。神仙將出，先有道童十二三歲者作隊出場，繼有十五六歲、十七八歲者。每隊各數十人，長短一律，無分寸參差。舉此則其他可知也。」乾隆喜歡《西遊記》、《封神榜》等曲折離奇的情節，宮中高達三層的大戲臺分別代表仙界、人間、地獄，可上演諸多天上人間、荒誕不經的情節，演員們在三層戲臺子上戴著各種面具，扮演成劇中的神仙鬼怪，劇情越誇張離奇就越新鮮有趣，也更能討得皇帝歡心。這些劇目從八月十三日起，每天上演到八月十五日才停止，光怪陸離在這幾天顯得精采無比。

乾隆不僅自己愛看戲，他還會拉著前來朝見的蒙古諸部親王、朝鮮使臣和臣子們一同觀賞。而《西遊記》、《封神榜》這類「可憑空點綴，排引多人，離奇變詭作大觀」的故事，乾隆看了若是喝采叫好，大家也跟著拍手鼓掌；乾隆專注聽戲時，臺下則是鴉雀無聲，這大抵是中秋上演應承戲時最有意思的畫面，因為眾人看的乃是皇帝而不是戲啊！

隨著各式劇目在民間流傳，紫禁城的中秋應承戲也與時俱進地跟上了時代的腳步。到了嘉慶、道光、咸豐年間，宮中多了百姓喜愛的傳奇神話，如《鎖雲囊》、《八戒成親》；同治、光緒朝則因為慈禧太后的喜好，上演熱鬧且演完整本要花上八小時的《天香慶節》。慈禧最喜歡在德和園看戲，此處原為乾隆時怡春堂的舊址並在光緒時改建，主要建築為一座大型戲樓。《清稗類鈔》寫下了慈禧在中秋祭月、乘龍舟、賜宴、賞月亦賞樂，狂歡直至天亮的場景：「智慧海在頤和園中，其景與瀛台髣髴。中秋前數日，內務府執事諸員，預傳綵匠紮成月宮一座，臚陳各物，甘鮮水乳，風薰海錯，燦然大備。中秋夜，孝欽后率領德宗，后妃等，向太陰致祭，親支王大臣及供奉諸臣，各乘龍舟來往，水天一碧，夜色清華，簫鼓之聲，中流不絕。已而賜宴，命盡歡，時撤御前珍膳，指名給予。迴帆轉柁，當在東方既白時矣。」

寫詩狂人

中秋的歡愉氣氛，在乾隆朝國勢強盛時達到高潮。他在位的六十三年中（包含為期三年的太上皇）度過了六十一個中秋節，其中四十八次是在避暑山莊度過。

中秋夜，乾隆會在煙波致爽殿外同后妃和皇子公主、群臣們賞月。此時，身為「寫詩狂人」的乾隆往往詩興大發地寫下賞月之作。如乾隆十一年作〈月兔〉詩：「月兔爰爰桂樹邊，廣寒輪廓遍三千。豈知放眼青天外，極大圓中一小圓。」乾隆二十四年又有〈月兔〉：「月中玉兔日金雞，卯位東方酉位西。綜錯陰陽交離坎，張衡《靈憲》豈無稽。」再看一首〈平湖秋月〉：「春水初生綠似油，新蛾瀉影鏡光柔。待予重命行秋棹，飽弄金波萬里流。」只要有月亮，乾隆必不辜負地寫下賞月詩！有詩有月有乾隆，此乃清朝中秋是也！

除了寫詩，乾隆還會記錄自己過中秋的心情、內容或各式各樣的特殊狀況。例如乾隆四十七年，中秋節月蝕，乾隆的〈中秋日作〉詩註中就記下了此次事件。欽天監奏：「八月十五日亥時月蝕，是日為中秋節，應修供祀於月初上時，以在初虧時前，以例行之。」由於遇上月蝕，乾隆遂聽從欽天監建議，將祭月時間提早至「月初上時」。又因月蝕並非吉象，所以百官不必著朝服而是以「素服」祭月；此外，乾隆還縮小了當年中秋大會的規模，以表示對上天的敬畏之心。

乾隆五十七年〈中秋日作〉詩註：「每歲中秋有作，俱御筆書以懸壁。去歲庚戌，以八旬正慶禮，應御太和殿受賀，是以七月下旬即回蹕至京，而山莊中秋日闕詠，今歲則依例題句矣。」看來，乾隆真的不肯放棄一絲一毫的寫詩機會，他的內心話是：「我每年中秋都寫下很多很棒的賞月詩，然後命人掛在牆壁上讓大家好生欣賞！但是去年八月在太和殿舉辦我的八十歲萬壽大會，所以七月就要趕著回宮。唉，實在太忙了！害我沒時間多寫幾首詩。這樣吧，今年的中秋節我就多寫一點，你們照樣掛在牆上讓大家吟詠我的創作，記住了喔！」

寫詩狂人乾隆，就是狂！

第二章

皇帝
請吃飯

康熙過生日

大清盛世，國力強盛且經濟富庶，人們得以康健長壽、平安順遂，因此以耆老為主的大型聚會「千叟宴」也應運而生，展現出太平昌盛的氣象。

康熙五十二年正值康熙六十大壽之際，三月的某一日，他與朝臣對話：「朕昨進京，見各處，為朕六十壽誕，慶賀保安祈福者，不計其數。朕實涼德，自覺愧汗。」意思是，我的六十歲生日要到了，昨天回家路上看到好多人為我祈福，唉呀，我自覺還有許多不足之處，真是慚愧啊！不然這樣好了，我安天下安、我福天下福嘛！那就這麼辦吧：「凡有祝延萬壽者、必以雨暘時若、萬邦咸寧為先。」只要有人替我祝壽，我也祝福他們永保安康！真是注重禮尚往來的康熙。

過了幾天，康熙前往暢春園小住，或許是路途中又聽到了一些百姓之間的傳聞，他再度找來了大學士們，感慨說道：「朕聞各省為祝萬壽來京者甚眾，其中老人更多，皆非本地人。時屆春間、寒熱不均。或有水土不服、亦未可知。爾等即傳與漢官等，倘有一二有恙者即令太醫院看治。務得實惠，以示朕愛養耆老之至意。」康熙有感而發啊，「我聽說各省都有好多人跑到京城來替我祝壽，其中還有很多老人，但他們都不是本地人啊，而且我生日的時候天氣可能不太好，到時候如果發生老人家們生病或水土不服的事情，你們一定要找太醫好好醫治，才能表示我尊重長者的心意喔！」

然而，這些耆老們的出現似乎悄悄觸動了康熙內心深處的感傷，「我也將要六十歲了啊！」

這年的清明節，康熙並未親自前往祭祀而是遣官祭永陵、福陵、昭陵、暫安奉殿、孝陵、仁孝皇后、孝昭皇后、孝懿皇后陵，但是幾場祭禮的規模都比以往盛大。或許是年屆六十的康熙對於生死禍福有了更深感觸？沒過多久，他就把南書房的學士們抓來商議自己六十歲壽辰的大事了！

康熙對翰林學士們表示：各省的老人都聚集在西直門要等我回宮、向我行禮。禮部已經安排好他們的行程，所以向我行禮以後就不用再接駕，實在太辛苦了！你們寫下我的旨意讓天下老人們知道，我已明白他們的心意。

然而康熙的一番美意似乎沒有傳達成功，又或者是官員們為了討好皇帝因此要求當地長者都能前往京城向皇帝賀壽，於是老人們仍紛紛湧入北京城。這次康熙改口下令：「今歲直隸各省年老官員、來京祝萬壽者甚多。此內除本身犯罪官員外，或有因公掛誤降級、革職者，俱酌量復還原品，于十八日隨班行禮。」既然這麼多人要祝我萬壽吉祥，不如趁機讓因罪或被降級革職的官員復職，也算為我添福吧！

皇帝的萬壽之日到來，康熙從暢春園回到紫禁城的那天，一路上受到了民眾熱烈的夾道歡迎：「直隸各省官員士庶、夾道羅拜，歡迎御輦，耆老等、跪獻萬年壽觴。上停輦慰勞，遍賜老人壽桃及食品。諸王、貝勒、貝子、公、宗室、覺羅人等，及文武大臣、官員、兵丁，並於誦經處跪迎。上霽容俯視，皆賜以食品。」官員和百姓們跪在路邊向皇帝行禮，當中也包括了許多耆老，因此康熙「停輦慰勞」老人們並且遍賜壽桃和食品。年紀老邁的長者們看到皇上本人還收到了皇上親賞的禮物，內心的喜悅恐怕要衝破天際，畢竟那是一個君臣分明、階級嚴謹的時代，平民百姓能見到皇上真是幾輩子修得的福氣！

〈康熙坐像〉

銀髮族聚餐

不久後，大學士們收到康熙的旨意：「今歲天下老人，為朕六旬大慶，皆從數千里，匍匐而來。如何令其空歸。欲賜伊等筵宴，然後遣回。著查八旗滿洲、蒙古、漢軍、漢人、大學士以下、民以上、年逾六十五歲者、奏聞。在本月二十二三兩日內，擇定一日賜宴。預為奏聞，便於備辦。內有艱於動履，不能前來者聽之。其能來者，俱令之來。即不能來者，朕另行按分頒給。詔內有恩賜老人一款，凡恩賜有名者，於名下注明。今時漸炎熱，賜宴後，即令回籍耕種，其家奴勿入所查數內。再查八旗滿洲、蒙古、漢軍以至包衣佐領下，不論官員閒散人等，年七十以上老婦，亦著奏聞。俟老人賜宴後，再定一日，送至皇太后宮賜宴。有艱於動履，不能前來者聽之。其能來者，俱令之來。若有貧乏不能來者，著各屬協助車馬，使之前來。俱開真實年歲，不可揑報。再敕宗人府諸王以下，宗室子孫內，二十歲以下，十歲以上，選擇聰明堪供任使者，六七十人。令於耆老前執爵。即朕子孫，皆令之出。宗室外，不用他人也。」康熙即將舉辦大清開國以來第一次的「銀髮族聚餐」了！他對與會者的基本要求是以八旗和直隸省民為主；若男性超過六十五歲，身分僅需平民以上，不論滿、漢、蒙皆能與會。而女性的參與條件稍微嚴苛，除了夫婿身分要是「八旗、滿洲、蒙古、漢軍以至內府佐領下，不論官員閒散人等」外，還需年紀七十歲以上才有機會參加由皇太后所賜的宮宴。

康熙將辦桌的差事交給大學士負責，他說：「天下的老人家都為了我的生日匍匐而來，我怎麼可以讓他們空手而歸呢？這個月的二十二或二十三號，找一天請老大哥、老大姊吃大餐，吃完再送他們回家。舉凡漢滿蒙八旗、漢人，超過六十五歲的長者都可以參加，行動不方便而無法參加的人就另外賞賜禮物吧！至於年滿七十歲以上的老大姊，我也要請她們到皇太后宮中吃大餐。如果因為家境貧困無法自行前來，就派車馬接送進京！再來，你們告訴宗人府，挑出六十到七十個宗室子孫，大概是十歲以上、二十歲以下的小孩，一定要聰明伶俐的喔！這些孩子就負責在宴會當天擔任服務生，幫長輩們拿酒杯、夾菜！喔，最重要的是，你們要確定與會老大哥、老大姊的真實年齡，不准謊報啊！」

三月十八日，康熙生日到來。康熙先率領百官向皇太后行禮，接著才接受官員賀壽。身分地位不高，無法面見皇帝的八旗兵丁、直隸各省耆老士庶就齊集午門外、大清門內以叩祝萬壽，整個北京城都能看見百姓為康熙誦經祈福的場景。

康熙朝皇太后，孝惠章皇后

可想而知，康熙在百姓心中真的是個好皇帝。

千叟宴成形

銀髮族聚餐，顧名思義就是集合眾多耆老共同參與的宴會。三月二十五日，康熙在暢春園宴直隸各省、漢大臣、官員、士、庶人。參加者的年齡為九十歲以上的三十三人；八十歲以上者五百三十八人；七十歲以上者一千八百二十三人；六十五歲以上者一千八百六十四人。流水席一路從西直門排到了暢春園，場面頗為壯觀！

宴會中，康熙細數自己治理天下的用心，還特別叮囑在場的耆老們：「爾等皆是老者。比回鄉井之間、各曉諭鄰里。須先孝弟。倘天下皆知孝弟為重、此誠移風易俗之本、禮樂道德之根、非淺鮮也。」他希望眾人回家後務必要宣揚孝悌之道，這樣一來天下人都會更加重視賢德之人，也可以更快速地達到移風易俗的效果。身為一個普通百姓，能吃飽穿暖、讀書識字已是福分，若還能在年邁之時見到皇帝且聽到皇帝苦口婆心地叮嚀傳揚孝悌之道，如此暖心之舉怎不令人為之動容呢！諸多耆老回家後自是大力宣揚康熙的優點以及愛民如子之心，康熙的美名自然更加遠播。

當天，因邀請的主要對象是漢滿蒙八旗的長輩，贈送禮物的對象也以他們為主，「賜八旗滿洲、蒙古、漢軍、老人白金有差」。在這場宴會上，老人除了享有皇家子孫、宗室執爵倒酒的禮遇以外還有禮物可拿；八十歲以上的長輩更可以「至御前親視飲酒」，能夠和皇帝對飲，想必是開心得要飛起來了啊！

三月二十七日，換眾家老太太們登場！「八旗滿洲、蒙古、漢軍、七十歲以上婦人、齊集暢春園皇太后宮門前。隨召九十歲以上者、入宮門內。八十歲以上者、至丹墀下。七十歲以上者、集宮門外。大臣妻年老者亦皆召至宮門內、賜坐。皇太后皇上親視頒賜茶果酒食等物。其餘令諸皇子、率宗室子、以次頒給。又賜大臣妻、衣飾彩緞素珠銀兩。」出席者依照身分等級依次排序，由皇帝賜坐給年紀最長者，皇太后也親賜茶果酒食並且犒賞了漂亮的布料和首飾。

這場皇家盛宴乃是賓主盡歡，令康熙很是滿意。至此，尚未定名卻已有「千叟宴」之實的概念出現。

康熙六十一年，年屆六十九歲的康熙為了慶祝七十歲生日以及執掌天下六十年，他在乾清宮舉辦了第二次銀髮族聚餐。有了上次的辦桌經驗，這回可就輕鬆多了！他簡單交辦出席人員的資格，其他事項均由禮部和大學士們商議決定。「召漢文武大臣官員及致仕退斥人員、年六十五以上者、三百四十人宴於乾清宮前。命諸王、貝勒、貝子、公，及閒散宗室等授爵勸飲分頒食品如前禮御製七言律詩一首命與宴滿漢大臣官員各作詩紀其盛名曰千叟宴詩。」當天，康熙在乾清宮宴請三百多位耆老，酒足飯飽後，邀請眾人和他一起作詩以紀念這場盛會，集結成為《千叟宴詩》，從此「千叟宴」定名、成形！

康熙即位以來極力調和「滿漢」問題，費盡心思將滿漢官員與百姓之間的衝突降到最低。因此康熙舉辦的宴會不分漢滿蒙，這也讓人數眾多的漢人更加理解他治理天下的用心。

鐵粉也辦千叟宴

康熙六十一年，康熙在乾清宮舉辦第二次千叟宴時，十二歲的弘曆也參加了這次盛會，當時，康熙的風采、在座眾人的欣喜、國家興盛的景象深深烙印在他的心中。身為康熙鐵粉，年逾古稀的乾隆在喜得五世元孫且四海承平、天下富足的心境下，決定追隨康熙的腳步，在登基四十九年時，歡天喜地準備屬於自己的「千叟宴」！

乾隆五十年正月，千叟宴於乾清宮隆重登場。此次，乾隆擴大宴請的階級，王公貝勒自然是固定班底，六品以下的官員和工匠藝人也都可以參加，只是座位席次會依照身分階級不同，離皇帝亦有遠近之分。

為了展現大清榮光更勝從前，他還邀請藩屬國前來共享盛宴。《國朝宮史續編》記載，每個人的宴會用品是「陳坫案於幕內，尊、爵、金卮、壺、勺具」，共列「宴席五十於殿廊下，二百四十四席於丹墀內，一百二十四席於甬道左右，三百八十二席於丹墀外左右，為席八百。應入宴之王、貝勒、貝子、公、一二品大臣等於殿廊下，三品以下五品以上官員於丹墀甬道左右，六品以下至眾年老之拜唐阿以及兵民匠藝人等於丹墀外左右，均東西向坐。」

乾隆的千叟宴邀請大夥吃鍋子（火鍋）、喝小酒，聽皇帝說話，除了參與人數眾多以外，宴會的場地和音樂、禮儀都規劃得較康熙朝時更為嚴謹。

宴會一開場，眾人便跟隨口號行三跪九叩禮，接著「各按品級入宴」，乾隆

〈八旬萬壽盛典〉

喝一口酒、大家先行禮後才跟著喝一口酒。另外，乾隆不像康熙一般邀請八十歲以上的耆老與之「對飲」，而是親手賜酒給跪在他面前的長者們。宴會結束前，乾隆再依照身分不同賞賜禮物：如意、壽杖、朝珠、繒綺、貂皮、文玩、銀牌，收到禮物的人們必須在乾清門謝恩，並行三跪九叩禮。對於當時的耆老們而言，這場聚會有些辛苦卻也是無上光榮。

乾隆六十年，乾隆傳位給皇太子為嗣皇帝，並且向天下宣布他即將成為太上皇。同年，嘉慶和八十五歲的乾隆決定再舉辦一次千叟宴，地點就選在皇極殿，而參與宴會的長者則提高到七十歲以上，若非如此，參加者恐怕都要比乾隆還要年輕了。

這麼一來，千叟宴的出席者可真是一位比一位還要高齡，與會者的歲數相加果真壽比南山！乾隆特頒給這些長者們六品或七品「頂戴」，換句話說是直接授與一個不用上班就可享有政府優待的官職，這是乾隆的美意和優惠，更是讓天下人知道太上皇退而不休且依然心繫百姓！

由於乾隆提高了出席者的年齡限制，因此出席的耆老們年齡都是八十、九十，甚至不少人超過一百歲。然而老人們身體狀況原本就弱，雖然有專人前往長輩家中接待入京，但一路上舟車勞累加上進京後難免水土不服，許多長輩就在途中生病甚至不幸過世，或是吃飯吃到一半就直接昏倒了；又或者在返家路上罹病和故去，乾隆的千叟宴因此蒙上一層黯淡的陰影。

死的死、傷的傷，這次千叟宴的陰影面積著實不小。

乾隆以後，再也沒有任何一位帝王辦過千叟宴，原因是國勢逐漸走了下坡且舉辦宴會勢必耗費大量金錢、人力和物力，因此停辦千叟宴是再自然不過的事，而康熙和乾隆的「千叟宴」也就此成為盛世絕響。

然而康熙和乾隆祖孫倆皆以「千叟宴」向世人證明了他們的一生功績以及坐擁江山的豪情，雄心萬丈地顯現著大清盛世的無比光芒！

第三章

帝后更衣室

皇帝不只穿龍袍

在紫禁城中穿什麼服飾和如何穿戴，除了能夠顯示出身分和地位以外，也是榮華富貴的象徵。

許多清宮劇中的皇帝在室內室外走來走去，就只穿著一套明黃色的衣服，再不然就是一些暗濛濛的服飾。雖說「明黃色」是清朝最高等級的顏色，確實只有皇太后、皇帝和皇后能穿戴，但總讓皇帝穿著同一顏色的服飾，未免顯得寒酸。

其實，清朝皇帝的服飾非常多元，有隆重的正式朝服、僅次朝服的吉服、一般日常的便服、外出的行服、雨天的雨服……除了款式不同還有各種顏色可供挑選。皇帝的衣櫃精采得很！

朝服

《大清會典》規定皇帝需在祭祀、國家級的大型典禮中身著「朝服」。朝服又分「夏朝服」和「冬朝服」。大致來說，春夏用緞，秋冬再於衣角加上保暖用的皮毛。

皇帝的朝服共有四種顏色：「藍、明黃、紅、月白色」，分別在祭祀「天、地、日、月」時穿戴。另外再戴上「朝珠」，一條朝珠的珠數是一百零八顆、每二十七顆間穿入一粒大珠，共有四顆，稱為「分珠」又被稱為「佛頭」。朝珠的材質多為東珠、珊瑚、翡翠、瑪瑙、藍晶石、琥珀、沉香木等罕見的珍貴材質且必須和朝服互相搭配，祭天以青金石、祭地以蜜珀珠、祭日以珊瑚珠、祭月以綠松石珠為主。此外，皇帝的「朝冠」分為「冬朝冠」和「夏朝冠」；著朝服時穿方頭朝靴，朝靴與服色相同並以黑色邊飾，上面則繡有草龍花紋。

朝服的特色是圓領、馬蹄袖、披領、緊身窄袖、右衽、連身式上衣下裳；最外層是像披肩一樣的「披領」，裡頭穿「上衣下裳」的裙式袍子、袖子為馬蹄袖；朝服上的圖騰為「龍」與「十二章」；上衣為日、月、星辰、山、龍、華蟲、黼、黻八章、下裳為藻、火、宗彝、粉米四章；上衣前後及兩臂各繡一條「正龍」，腰帷處有「行龍」五條；襞積（下裙的中央部位）為團龍九條、下裳繡正龍兩條、行龍四條；披領繡行龍兩條；袖口繡正龍各一條。

看到這麼多的「龍」，大家是否會納悶這是否就是印象中、影視作品中的「龍袍」？龍袍其實是等級次於朝服的「吉服」，上面的圖案除了龍紋外，還飾有十二章紋飾，形式為圓領、大襟右衽、馬蹄袖端、四開裾、直身式袍服。

吉服

吉服是帝后、妃嬪、文武官員、公主、命婦等在舉行嘉禮或吉禮慶典筵宴、迎鑾等活動時穿戴的衣服。《大清會典》規定，帝后、大臣的吉服袍在底色上要有所區別，袍上織或繡的圖紋也要對應其身分階級。以下四種身分的人，穿著的吉服袍才有資格被稱為「龍袍」，他們分別是皇帝、皇太后、皇后、皇貴妃。而貴妃、妃、嬪、皇子、親王及以下，所穿吉服袍上儘管也織、繡「五爪龍」紋，但名稱上只能是「蟒袍」。簡單來說，「龍袍」與「蟒袍」的區別關鍵不在於形象，而在於穿者的身分位階。

除了龍紋，朝服和吉服最下方常見以海浪與山峰為主題的「海水江崖」圖騰，象徵著「壽山福海」、「江山永固」之意。

乾隆的《皇朝禮器圖式》確立了正式禮服中的各式圖騰。以圖騰內容較為

皇帝冬朝服一圖

皇帝夏朝服圖

皇太后皇后冬朝袍一圖

皇太后皇后夏朝袍一圖

豐富的海水江崖為例，可在其中看到「山」：矗立於海水中的山石。最常見的為三座、五座較抽象的筍狀山崖，有些則改為湖石或假山，上面裝飾靈芝花草；「雲」出現在海浪及山上的五色祥雲，最下方的一層雲紋與立水相連；「江崖」海中激起的浪花呈現出爪、崖狀。浪花位於山石之上，呈現大海的波濤壯闊之貌；「臥水」也叫平水，是比江崖較平靜的海水浪波，有些會呈輪狀捲起。康熙和雍正時期，臥水中的輪狀海浪中還可看見各式雜寶；「立水」也叫水腳，為下裙最下方的彩色斜條。

海水江崖中還有不少做為點綴或搭配的圖樣，如「龍紋」：龍與海水江崖的組合，龍會以其爪握山石或握江崖，寓意「緊握江山」；「雜寶」或稱八寶，皆為吉祥圖案，如金、銀、方勝、如意、鐘磬、卍字、珊瑚、犀角、古錢、寶珠、靈芝等，從中取八種或若干種組合，即稱八寶、雜寶；「平升三級」亦屬於雜寶之一，即一小瓶中插著三支方天畫戟，「瓶生三戟」諧音「平升三級」，有「步步高升」的好兆頭。若同時插戟與磬，即諧音「平安吉慶」；「六合同春」是鹿、鶴與花卉或松枝的組合，鹿鶴的諧音「六合」，有長壽之意。

常服

皇帝在非正式場合也就是平常日子中穿的是「常服」、戴「常服冠」。常服形制和吉服一樣，但穿著的禮儀較寬鬆。皇帝常服分為冬夏兩種，衣服上的花紋可依照皇帝喜好而有所變化，材質則根據季節改變；「常服冠」為紅絨結頂，配不佩戴皆可。

皇帝的常服為石青色，皇后就有所不同了！乾隆讓女子們的「常服袍」多了顏色可挑選，但是「常服褂」仍須是石青色。乾隆的《欽定大清會典》明載：「常服袍無定色，表衣色用青，織紋用龍鳳、翟鳥之屬，不備彩。」常服袍袖長超過常服褂，表明常服袍穿在常服褂子的裡面，行禮時便於將袖口放下；紋樣有龍鳳、翟鳥、江山萬代、漢瓦、團壽等樣式；開裾形式是區別男女常服的重要標準。

無論季節，皇帝和皇后的常服都以石青色為主，就連皇后衣服上的龍鳳、翟鳥都不備彩，也就是和石青色一樣暗暗的、不怎麼明亮，這實在太單調了！因此很快地從清朝服裝舞臺下臺一鞠躬，取而代之的是「便服」，也就是我們在戲劇中最常見到后妃們身上五顏六色、圖騰眾多的衣裳。

皇子福晉
吉服褂
圖

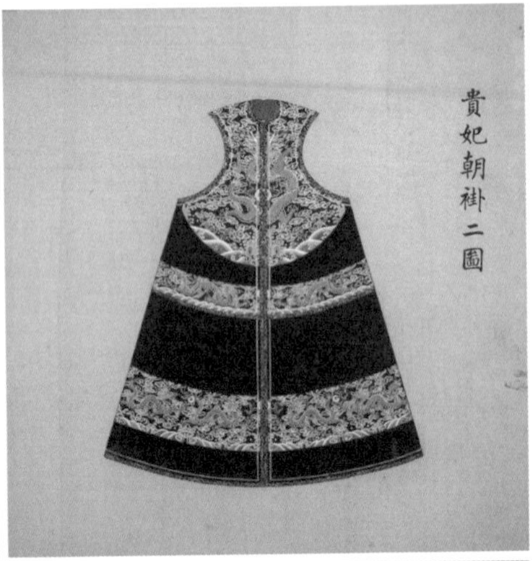
貴妃朝褂二圖

貝勒
冬朝
服一
圖

皇子福晉
夏朝袍
圖

便服、行服

便服是帝后日常起居、內廷休閒、接待客人時穿的服裝。包括便袍、襯衣、馬褂、緊身、氅衣、大褂闌、套褲、褲子、旗鞋、便鞋、瓜皮帽、各種髮飾等。

來自白山黑水的滿人擅長射獵、騎馬，因此有了讓行動便捷方便、沒有繁縟紋飾或華麗顏色的「行服」。一套行服中有「行服袍」、「行服褂」、「行裳」三層，再加上「行服冠」。一般都是單穿行服袍，行服褂、行裳、行服冠則視情況穿戴。「行服袍」又稱「缺襟袍」，即右裾從下向上在一尺處剪斷後，以襻扣相連，遂可分可合，成為行服袍顯著的特色。君臣袍服皆為四開裾，身長比常服短十分之一左右，以便騎馬及射獵；行服褂有「得勝袍」、「得勝褂」之稱，皇帝的明黃色行服褂，即為「黃馬褂」；王公貴族、文武百官的行服褂皆為石青色；各旗軍的行服褂顏色與本旗的旗色一致，以用色和邊緣色來區分上下等級；「行裳」是四季出行時的服飾之一，所用材料有布、皮、氈三種，多具有耐磨、防雨、保暖的作用；「行服冠」與常服冠制相同，皇帝冬季行服冠的冠簷有黑狐皮、黑羊皮、青絨或青呢；夏行服冠君臣都以玉草或藤絲、竹絲編織，冠上綴朱緯（紅纓），冠為黃色。嘉慶朝以後，皇帝逐漸遠離「肆武綏藩」的治國策略，也逐漸不再固定實施木蘭秋獮，行服也自然而然地淡出皇家服飾之中。

雨服

「雨服」，分上衣和下裳，是男性遇到雨雪天氣時的服飾。以氈、油綢、羽緞布料等製作，羽緞上壓有花紋，質料薄挺，可防細雨。

皇帝有多種雨衣樣式和質料：圓領對襟無袖長袍，類似披風；對襟帶袖的如常服褂；大襟長袖的如常服袍。雨衣的氈或羽緞用月白緞襯裡、油綢面無襯裡。雨裳則有兩種：一種與行裳相同，另一種是前面不開口，一整塊面料像圍裙一樣從腰連至膝蓋，抵擋雨水滲入。皇帝的雨衣、雨裳多為明黃色，也有少部分為朱紅色；另有「雨冠」，祭祀求雨時要單獨佩戴。另外有用氈、羽紗、油綢製作的雨冠，戴法是套戴在朝冠之上。

細說從頭

搭配朝服的「朝冠」，是皇帝出席正式朝會所戴的冠帽，分為夏冠、冬冠兩種。

朝冠

夏冠寶頂形式為鏤空金雲龍嵌大東珠金寶頂，冠體呈圓錐狀，下簷是雙層喇叭狀，用藤絲或竹絲做成。冠首碼鏤空金佛，金佛周圍飾東珠十五顆，冠尾碼東珠七顆。冬冠和夏冠一樣有金螺絲鏤空金雲龍嵌東珠寶頂，寶頂分為三層，底層有正龍四條、中間飾有東珠四顆；第二、三兩層各有升龍四條，各飾東珠四顆；每層間各貫東珠一顆，共飾東珠十五顆；頂部再嵌大東珠一顆；冠體為圓頂呈斜坡狀，由熏貂或黑狐毛皮製作而成。

皇帝就只有那麼一位，制訂其服飾禮儀過程相對簡單。但是紫禁城中的女子們除了皇后以外還有眾多妃嬪，為了憑藉著服裝來分辨階級，皇后的朝冠勢必要最高級也最華麗！

根據清朝禮制：「皇太后、皇后朝冠，冬用薰貂，夏以青絨為之，上綴硃緯，頂三層，貫東珠各一，皆承以金鳳，飾東珠各三，珍珠各十七，上銜大東珠一。硃緯上周綴金鳳七，飾東珠各九，貓睛石各一，珍珠各二十一。後金翟一，飾貓睛石一，小珍珠十六。翟尾垂珠，五行二就，共珍珠三百有二，每行大珍珠一。中間金銜青金石結一，飾東珠、珍珠各六，末綴珊瑚。冠後護領垂明黃絛二，末綴寶石，青緞為帶。」

皇后的朝冠除了中央頂飾三層金鳳外，朱緯上還綴上七隻金鳳和一隻金翟，位於後面的金翟向腦後垂珠為飾，皇后為

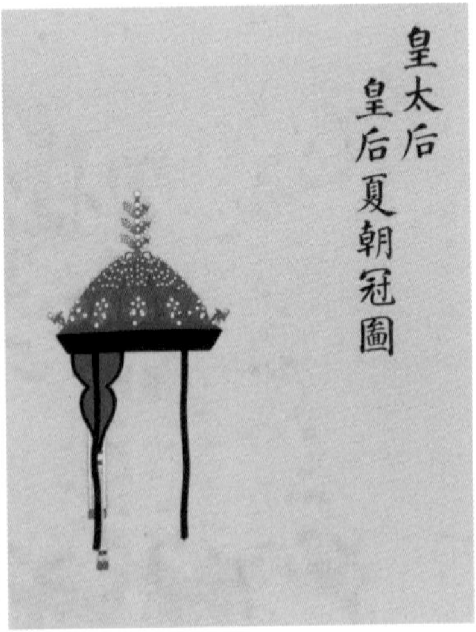

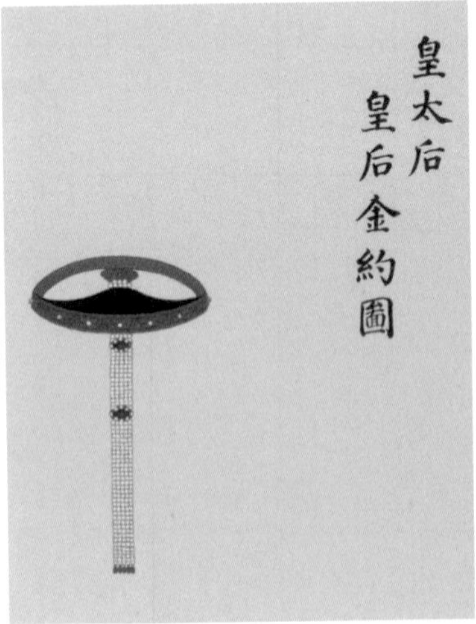

五行二就，冠後又垂護領。

金約

皇后的頭上除了「朝冠」以外，有一項名為「金約」的飾品，總讓我想到孫悟空頭上的緊箍。金約戴在額頭上方並接在朝冠下簷，緊貼於額頭上。金約以其鏤雕的金雲紋和鑲飾的珠寶數目，以及頭上所垂貫珠的形制來區別等級：「皇太后、皇后金約鏤金雲十三，飾東珠各一，間以青金石，紅片金裡。後繫金銜綠松石結，貫珠下垂，五行三就，共珍珠三百二十四，每行大珍珠一，中間金銜青金石結二，每具飾東珠珍珠各八，末綴珊瑚。」

朝珠

「皇太后、皇后朝服御朝珠三盤，東珠一，珊瑚二。佛頭、記念、背雲、大小墜、珠寶雜飾惟其宜，絛皆明黃色。」皇后的朝珠重量不輕，須佩戴三盤珠串，東珠一盤佩於胸前，另外兩盤珊瑚朝珠交叉於胸前，由左右肩斜掛至肋下。女性所戴朝珠，兩串記念的一側在右胸前，與男性相反。只有皇太后、皇后才能佩戴東珠串成的朝珠；皇貴妃以下至妃為蜜珀一串、珊瑚兩串；嬪以下至鄉君為珊瑚一串、蜜珀兩串。

從皇太極到乾隆，總共花費了一百五十年左右才確立清朝的服飾制度，並將服飾繪製成圖收錄進《皇朝禮器圖》、《大清會典》，規定依照不同場合穿戴正確服飾：「上從皇帝、后妃到王公、文武百官以及公主、福晉、命婦等，下至平民百姓，按照社會等級、身分地位、性別年齡、文武職務及著裝時令場合等詳細規定，除便服外均繪製成圖，不得違制。」禮儀制度反應了一個國家的社會秩序是否健全，清朝制訂嚴謹的服飾制度，透過皇家服飾禮儀展現泱泱大國的風範。

朝服、吉服、行服、便服雖有正式程度的差異，但是穿戴規矩相當清楚，就連能不能「混搭」或是「戴不戴冠」也都得按照規矩來。朝服肅穆莊嚴、吉服喜慶熱鬧、行服便利實用、便服繽紛多變，再加上各自的搭配，充分展現清朝服飾的萬千風情！

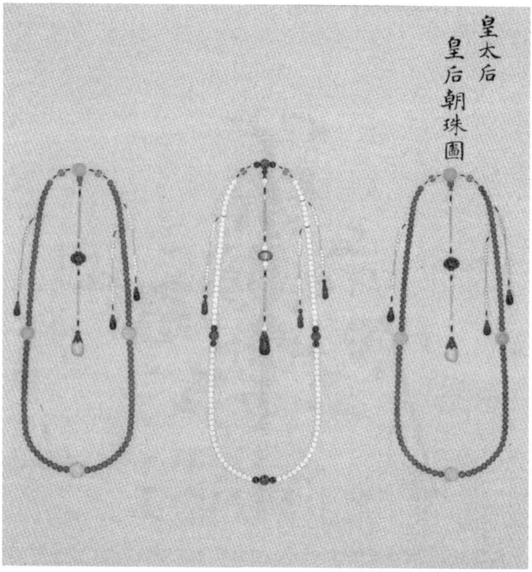
皇太后
皇后朝珠圖

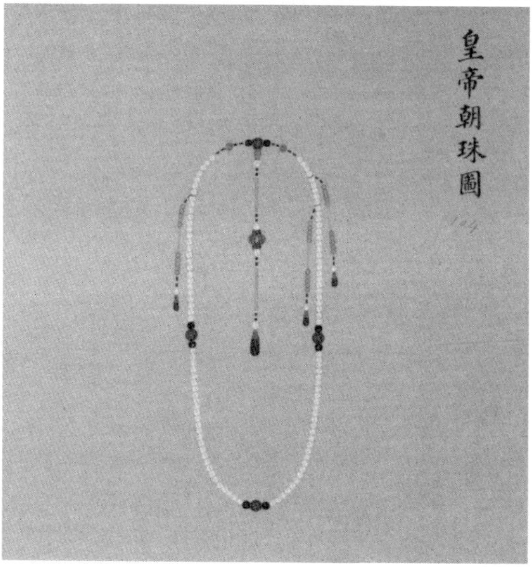
皇帝朝珠圖

清宮女性朝袍一覽表

位階	顏色	圖紋	樣式與種類
皇太后、皇后	明黃	金龍九或 前後正龍各一	冬三式 夏二式
皇貴妃	明黃	金龍九或 前後正龍各一	冬三式 夏二式
貴妃	金黃	金龍九或 前後正龍各一	冬三式 夏二式
妃	金黃	五爪金蟒九或 前後正龍各一	冬三式 夏二式
嬪	香色	五爪金蟒九或 前後正龍各一	冬三式 夏二式

皇子福晉 親王福晉 固倫公主 和碩公主 郡王福晉 郡主 縣主	香色	前後正龍各一 兩肩行龍各一 襟行龍共四	冬夏一式
貝勒夫人、貝子夫人 鎮國公夫人 輔國公夫人 郡君、縣君 鄉君、公夫人 侯夫人、伯夫人 一品、二品、 三品命婦	藍或石青	前後正四爪蟒各一 兩肩四爪行蟒各一 襟行蟒共四	冬夏一式
四品命婦	藍或石青	前後四爪行蟒各二	冬夏一式

后妃的鞋櫃

清朝入關前，滿人已經接觸大量的漢人文化。皇太極心裡明白，滿人的數量遠遠不及漢人，自身文化將輕易被漢文化滲透。因此，他在選用漢臣，推廣文治之餘，對滿人是否沾染漢俗也保持高度的危機意識，而「纏足」就是一項專屬於漢人並且被皇太極明確嚴禁的習俗。

明朝的瞿九思在著作《萬曆武功錄》中曾經提出纏足可以抵禦夷狄外患的說法：「虜之所以輕離故土遠來侵掠者，因朔方無美人也。制馭北虜，惟有使朔方多美人，令其男子惑溺於女色。我當教以纏足，使效中土服妝，柳腰蓮步，嬌弱可憐之態。虜惑於美人，必失其兇悍之性。」翟九思想必是個熱愛女子纏足的小腳控！他認為美人的定義乃是纏足之人，而那些野蠻民族既然不纏腳，那麼一定沒有美人的存在。女孩的小腳可使步行時「嬌弱可憐」讓邊境的游牧男兒毫無招架之力，所以才甘心遠離故土南下侵略中原。為了抵禦外敵，就要大力推廣並且

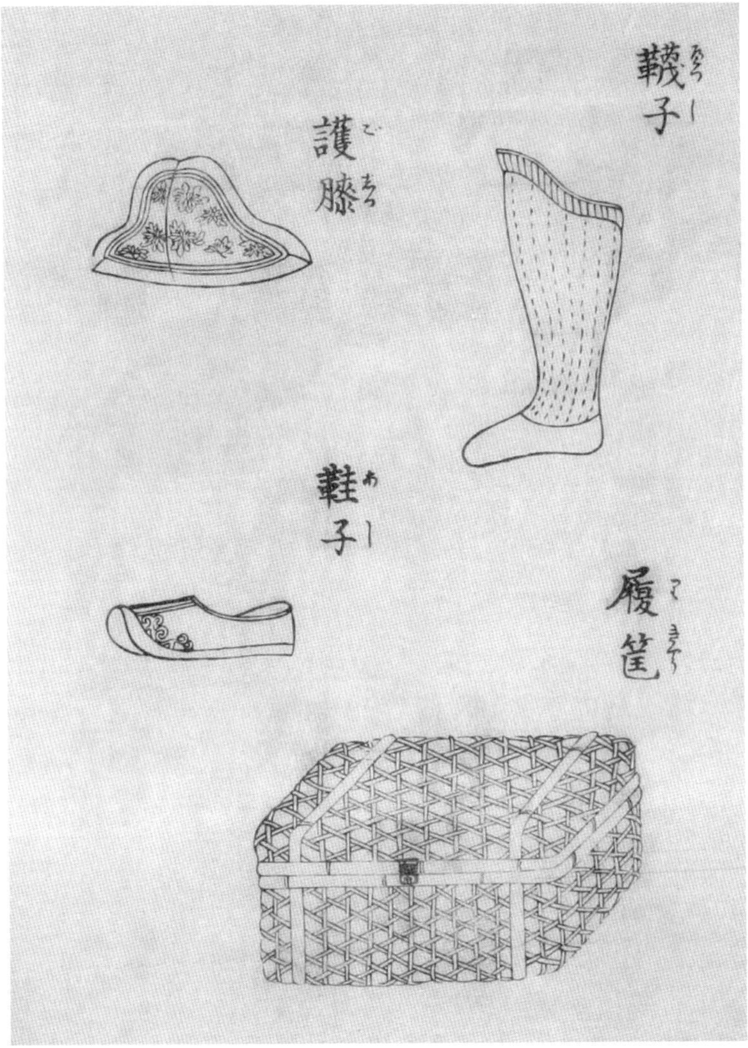

《清俗紀聞》可看出當時鞋子的樣貌

讓游牧女子也跟著纏足，然後「虜惑於美人，必失其兇悍之性」，大明就會得以安全無虞了。

這真是一個很有創意的想法！

在李自成率兵攻陷北京，明朝江山即將不保之際，清朝火速地提出了為明復仇的口號揮師山海關。當他們占領北京並逐步取得統治權後，清廷相繼推行了剃髮、禁止纏足、改變服飾的政策，歷史上有名的「留髮不留頭，留頭不留髮」就是這樣來的。這三項政策目的一致：「男子剃髮、女子放足、衣冠改從清制」，即從最明顯的外觀開始改變漢人的生活，一步步消去「夷夏之防」的心態。其中，較早被解決的是男子的頭髮問題，畢竟對許多不識字、務農為生還有一家老小要養活的普通百姓來說，能夠好好地「活下去」最重要，因此剪去頭髮得以維持一家生存，在許多人心中確實是適合的決定。

說到女子纏足，清朝最早的纏足禁令始見於清太宗崇德元年，「凡漢人官民男女穿戴俱照滿洲式樣」同時也嚴禁滿洲女子仿效漢人纏腳；崇德三年，又進一步約束女子纏足，「是身在大清國而心仍在他國也」，也就是一旦纏足等同於叛國，這是非常嚴重的罪啊！「若裹足，則砍足殺之」，如果違抗命令，只好砍了你的腳，再把你給殺了！順治元年，孝莊太后諭：「以纏足女子入宮者斬」；順治二年又令：「凡是時所生女子，嚴禁纏足」，也就是此後出生的女嬰長大後不准纏足；順治十七年則規定「抗旨纏足者，其夫或父杖八十，流三千里。」

從入關前女子纏足會被殺頭到入關後多加懷柔只判流放之刑，可以得知當時「你越禁、我越纏」的現象，否則聖旨何必要一道又一道地詔告天下呢？漢人女子纏足的習俗早已深植人心，沒有一雙小腳不但嫁不了好人家還會被認為是家教不嚴謹。許多小女孩在三、四歲時就開始被拗腳趾、壓腳背、折骨頭再纏上長長的裹腳布，「小腳一雙，眼淚一缸」的撕心裂肺，卻是漢人女子打從心底認同的人生大事。

假解禁真纏足

無論入關前後，清朝政府對纏足始終抱持著否定的態度，不僅是為了保有滿洲的文化特色，更是瞭解到纏足會對於身體造成巨大傷害。

康熙二年，禮部儀制員外郎王士禛上疏，奏請「寬民間女子裹足之禁」，纏足禁令才稍稍放寬；康熙三年重申前禁，「康熙元年以後所生之女，禁止裹足」、「若有違法裹足，其女之父，有官者交吏、兵二部議處；兵、民，交付刑部責四十板，流徙；家長不行稽查，枷一個月，責四十板。該管都、撫以下，文職官員，有疏忽失於覺察者，聽吏、兵二部議處在案」。康熙決定從家庭著手，讓家中女子纏足的宗族、父老皆受到處罰，但還是沒有收到實際的效果。

清人筆記《菽園贅談》：「康熙元年有詔，禁婦女纏足，違者罪其父母家長。是時某大員上疏，有奏『為臣妻先放大腳事』，一時聞者傳為笑柄」，由此可見傳人家和官

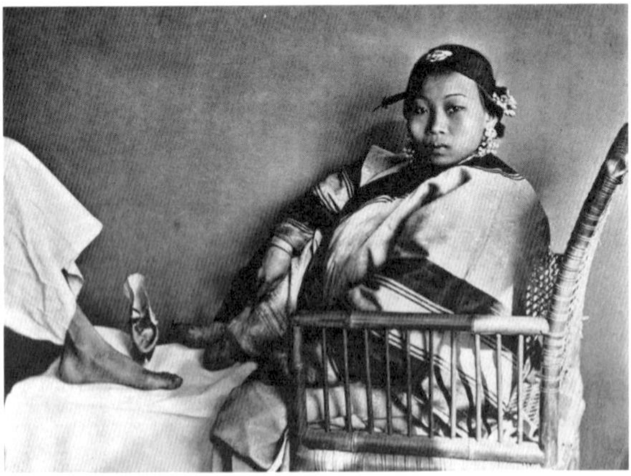

纏足婦女

場都認為不纏足的女子是會被取笑的對象。此外，由於誣告之風盛行，有人將他人在康熙元年以前所生之女造假為元年以後，查無可查之事越來越多，以致康熙七年時，在不得已之下准許左都御史王熙之請，「寬女子纏足禁」，此後清廷便

不再干涉漢人女子纏足，只嚴禁滿人女子纏足。

纏足解禁，難道是民間的力量大過朝廷的結果嗎？說到底，終究是女子在政治、軍事上的影響極小。既然二、三十多年的纏足令還是無法改變這項民間習俗，那就算了吧！最後，男子需剃髮易服以保命，漢人女子仍保有纏足習俗，民間也出現「男禁女不禁」、「男降女不降」的黑色幽默。

然而，影響漢人女子深遠的纏足風氣竟然在不知不覺間悄悄地滲入紫禁城內，滿洲女子的「足下風情」也隱約起了變化。

旗鞋的由來

滿洲女子的鞋履統稱為「旗鞋」，鞋底高高、厚厚的，得要人攙扶才好走路。這種款式的鞋子是如何誕生的呢？相傳滿族歷史上發生過一場帶有神話色彩的戰爭。在這場大戰中，勝者哈斯古罕為了防止征討多時才得到的城池被奪回，便在護城河中加滿紅色鏽水，並在城牆附近四處開鑿窪地同樣注入鏽水，如此便可阻止敵方人馬涉水通過，就算通過了，也可能因為浸泡在鏽水太久而影響士兵的作戰能力；另一方面，敗者多羅甘珠為了搶回城池、一雪前恥而向天神膜拜祈求勝利，後來又從仙鶴身上得到啟示，設計出一種又厚又高的高底鞋，他帶領士兵穿著高底鞋，穿越池水又不至於身陷水中，成功地奪回城池。這是神話版的旗鞋由來。

還有一種說法認為，滿洲女子經常在上山收集野果、食物時被毒蟲、毒蛇叮咬中毒，便在鞋底綁上木頭以避開草叢中的毒物。為了更加便於行走，又將綁著木塊的鞋子加以改良，最後成為好穿好走的高底鞋。這是寫實版的旗鞋由來。

漢人纏足女子因足部支撐力不夠，行走時身軀擺動、婀娜多姿的模樣讓擁有一雙「天足」的滿洲女子十分羨慕。哪怕「小腳一雙，眼淚一缸」，照樣有許多滿人女子對纏足產生著魔般嚮往，但是國家明令不准纏足，女孩們只好在原有的鞋子上做足功夫，加高鞋底後使得旗鞋變高，高度夠了、走路不穩也就達到類似纏足的行走效果。這是後人想像版的旗鞋由來。

你覺得哪一種說法為真呢？無論何種緣由，「高底鞋」絕對是滿洲女子的穿搭特色之一！

高底鞋主要依「外觀」分為兩種，即「花盆底」、「馬蹄底」或「元寶底」。其木底高跟一般在五到十公分左右，也有高達十四到十六公分、最高的是二十五公分的高底鞋。它的構造為：用白布包裹一般的鞋子，成為袷鞋；接著加上木頭跟底，因跟底的形狀不同區分成幾種樣式：一種是上敞下斂，跟底為橢圓形，這種倒梯狀的外形有如花盆，謂之「花盆底」；另一種則是上細下寬、前平後圓，其外型及落地印痕皆似倒行的馬蹄印，稱為「馬蹄底」；另外還有「元寶底」，是指鞋底前面留白較多，雖然鞋底由上至下變小，但是前端縮小坡度緩慢，後端則較急。這種鞋底很難製作得高，是高底鞋中厚度最薄者。此外還根據穿著者的身分在鞋幫上飾以各種圖騰、刺繡、喜慶詞彙，不著地的鞋尖也常見刺繡、穗子、寶石、毛球等裝飾，穗子最長者可及地。

穿「花盆底」、「馬蹄底」、「元寶底」旗鞋者多為年輕女子，年長婦女的旗鞋則是又高又厚又平的「平底鞋」，前端著地處稍稍削去一小塊木頭以便行走。在紫禁城中，初入宮或年輕的嬪妃穿著的旗鞋顏色粉嫩清爽，至於能夠加上什麼裝飾則要看身分為何；年紀稍長的嬪妃，多半就會穿上高厚、顏色較深的平底鞋。

大家可能會想，穿著十幾公分高的鞋該怎麼走路呢？事實上，當時只有貴族才有穿旗鞋的資格，且她們都有婢女攙扶行走，行動上不是大問題。

貴族女子的旗鞋花樣多端、圖騰各有特色，足下之中別有一番風情萬種。

第四章

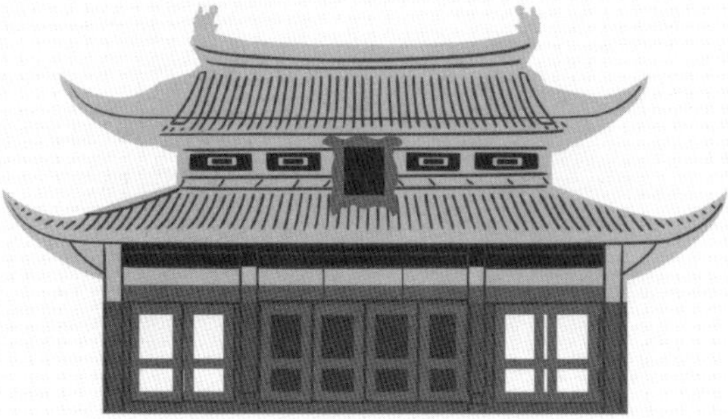

紫禁城大喜

圍城中的帝后大婚

在清朝，不是每個皇帝都有美好戀曲，也不是每個皇帝都在紫禁城大婚。如清太祖努爾哈赤迎娶葉赫氏時，共同前往迎親者是當時的諸位貝勒，還沒有一套做為舉辦婚宴流程的皇家儀式；皇太極立后時也僅行冊立之禮，迎娶、服裝、婚宴等流程都省了，原因是皇太極登基前就已娶了他的大福晉，因此即位後只需冊立其為后即可。

入關後，真正在紫禁城裡「大婚」的皇帝只有順治、康熙、同治、光緒，這四位帝王的大婚讓後人得以一窺皇家的婚姻，真是好辛苦、好燒錢！

帶頭跑流程的順治

順治八年，年輕的皇帝大婚，這時清宮也開始逐項確立屬於清朝的大婚儀式。民間嫁娶得要行六禮，所謂納采、問名、納吉、納徵、請期、親迎。這六禮中還能再分出細項，若遇到講究人家或者富貴家庭嫁娶，花上個一年半載也是很正常的事。

清宮大婚與民間嫁娶不同，皇帝不需要問名，整個皇族已經幫皇帝挑好人選，娶就對了！納吉，納什麼吉？皇帝結婚就是吉得不得了！請期，這關乎「日子」、「時辰」，欽天監的角色很重要，星象和皇帝的生辰合不合、大婚之日的天象會不會沖到國運，這都要聽欽天監的話。他們將帝后的生辰八字合在一起，再搭配星象推算出哪些日子可以挑選、哪些日子千萬避開、大婚之日的天象會不會影響國勢。此外，皇帝當然不可能親迎，天底下沒人比皇帝還大，派出使臣持節迎娶就可以了。所以，皇帝大婚禮儀中最為重要的就是「納采」和「大徵」（民間稱納徵）。

首先是諏吉行、納采禮。納采的前一天，皇室會派專人祭告郊、社、太廟，也就是向祖先報告：「我要結婚了，這是國家大事，希望列祖列宗保佑喔！」納采的當天，皇帝要在太和殿設節案，獻上祭品、文馬，而大婚正、副使要在丹墀東等待，在名贊官的主持下，使臣行三跪九拜大禮、走上臺階、立於陛上，接著由宣制官宣制，使臣再跪。宣制後，正、副使則在儀仗與衛士引領下，出太和中門，前往皇后的娘家。

在這段過程中，正副使的地位相當重要，他們必定是滿洲貴族、正使持金節、副使持冊，代表的是皇帝。

正副使出發後，皇后娘家這邊也要準備妥當。在大婚使前來冊封前，皇后的儀仗就要在宅邸內等待，皇后的父親著朝服在門外道路的右邊跪迎，使臣進屋納采，皇后的父親和兄弟要跪拜受禮；皇后本人則在庭中迎接，皇后母親及家中女眷在庭中著朝服跪迎，等待使臣入內冊封。禮畢後，皇后的父親必須跪送使節和皇后出府。

在使節到達之前，皇后會在家中先向父母親行家禮、跪謝養育之恩、說些體己話，一旦行了禮，踏出成為皇后的第一步，此後就是「先國禮再家禮」了，也就是皇后的雙親見到自己女兒時也得先行跪拜。

正副使節行完冊封禮後準備回紫禁城，此時儀仗在前、皇后鳳輦在後，由中門進入中宮、行至太和殿外，皇后下輦。清朝最初的帝后大婚，皇后不一定從大清門入宮，這是康熙之後的慣例，《大清會典》中記載順治的第一次大婚，皇后就是從協和門至太和殿下鳳輿進宮的。

（上）1900年的大清門（下）民國後的大清門，已改稱為中華門

清初時禮制尚未完備，康熙大婚的時候，因皇后府邸在宮外的緣故，所以走大清門行至午門就成了合情合理之舉，之後的帝后大婚也走大清門，順理成章的成了規矩。

有段野史不就是這麼說的嘛！專權的慈禧太后非常討厭同治的皇后阿魯特氏，因為她是慈安太后中意的媳婦人選，遂多次刁難、欺壓她，婆媳嚴重不合。有次，阿魯特氏忍不住暴走了，她對慈禧說了一句霸氣十足的話：「我是從大清門進來的」，潛臺詞就是：我是皇后，妳只是先帝的妃嬪而已！換句話說，「妳不過是個小妾，憑什麼跟我爭？」慈禧的出身本來就不高貴，聽到阿魯特氏竟然這樣貶低自己的身分，更使得她怒火中燒，自尊心瞬間炸裂，鬧到最後阿魯特氏的生命可不就斷送在慈禧手中了！

皇后入宮後，皇帝率皇族到中和殿向皇太后行禮，禮畢後親臨太和殿賜皇后父親及男性親屬宴飲，此刻文武百官均需在場；皇太后則到保和殿賜皇后母親及家中女眷宴飲，由公主、福晉、命婦作陪。這兩場婚宴的規模不大，主要是聯繫雙方家族的關係。皇帝娶妻，娶的多半是有政治、軍事實力的宗族女兒，不管是皇帝也好、皇太后也好，和皇后娘家人的聚餐宴會也自然充滿了權力意味。

這是順治八年的大婚流程；康熙四年大婚的納采宴就是在皇后府邸進行，到了同治十一年時，清帝大婚的儀式才算定型。

甜蜜的政治婚姻

康熙是清朝皇帝中年紀最輕就大婚的皇帝，也是擁有最多皇后的皇帝，他一生共立了四位皇后。

他八歲登基，朝中權力被輔政四大臣鰲拜、索尼、蘇克薩哈、遏必隆掌控。身為康熙祖母的孝莊皇太后為了拿回政治實權，替康熙鋪下執政坦途，孝莊決定首要任務就是替康熙舉行大婚，這代表皇帝著已成年，可掌權親政。

一般來說，選妃一事都由禮部籌辦，再從貴族、八旗官員家中挑選秀女，一步步選出最適當的皇后人選。然而皇帝要成婚的事傳了出去，幾位輔政大臣自然想跳過諸多步驟，直接大力推薦自己族中的女兒。很明顯地，皇帝的婚姻不僅僅是皇帝個人的事情，而是牽動整個朝堂的大事。孝莊為了制衡各個大臣並提升自己這一方的勢力，選擇了顧命四大臣之一、索尼的孫女赫舍里氏為皇后。

最後，康熙在十一歲時迎娶他的第一任皇后、十二歲的赫舍里氏。

皇帝夫婦大婚前，內務府正式向赫舍里氏下聘彩禮，有黃金兩萬兩、白銀一萬兩、綢緞、金銀珠寶，以及駿馬和馬鞍。兩萬兩黃金相當於二十萬兩白銀，再扣除幣值、通貨膨脹等因素，換算成新台幣，這場婚禮光是聘禮就花了三億多元，十分驚人。

這場婚姻雖是政治聯姻，所幸康熙和赫舍里婚後的感情和睦，相處十分融洽。大婚四年後，十六歲的赫舍里氏生下了皇子承祜。

只負責出席的新郎

同治在位期間，既已由兩宮太后與皇帝「共同治理」天下。同治大婚，他還能做些什麼主呢？兩位皇太后早於兩年前頒下懿旨決定好相關事宜，同治只需在婚禮當天微笑出場就可以了！

「皇帝大婚前期分日恭進妝奩、其鋪蓋衣服、首飾、金銀器皿，著於告期前一日恭進。至皇后母家應行恭備子孫餑餑並匙箸、吉祥花碗、龍鳳圓盒，既或做鋪蓋、燈內蜜油並煙粉等項，均著敬謹妥為備……其子孫餑餑屆時並由內務府女官恭送大內，欽此。」皇帝大婚所用的衣物、首飾、器皿皆已備妥，只等著兩宮太后點頭，婚禮就可展開。

大婚當日陪侍皇后的公主、福晉、命婦等人的穿戴都有明確懿旨規定：「皇帝大婚日，公主、福晉、命婦進內均戴鳳鈿，穿蟒袍八團龍立水褂，項圈、手巾、朝珠。內務府女官均戴鈿，穿八團褂，至皇后邸伺候升輿。乾清宮伺候降輿及降輿後伺候一切禮節均戴大紅鈿罩，穿大紅褂罩。」當時的清朝已是日暮西山，但同治的婚禮卻一點都不馬虎，反而相當隆重，共消費了一千一百萬兩白銀。這還不包括製作全新瓷器的開銷，因為大婚用的瓷器不能和平時所用相同，必須更為精緻高級，當時特別燒製的瓷器多以日用器皿為主，有碗、杯、盤、碟、渣斗、勺、盒、燈等。根據《景德鎮陶瓷史稿》記載，自同治五年起，共用了十三萬兩白銀在景德鎮復建御窯廠，專門燒製同治大婚瓷器。首先，瓷器的顏色多是以明黃色底為主，上繪多彩，藍、綠、粉、紅和藕色；其次，皇家大婚之喜，一定要用金粉在紅地描金雙喜字，在黃地描金萬壽無疆等字樣以象徵吉慶。瓷器上的圖案生動繁多，又因「有圖必有意，有意必吉祥」之故，眾多器物上的植物圖騰有蘭、梅、百合等，動物則見蝴蝶、蝙蝠、鴛鴦等，更不可能免去八寶、喜福壽等字，可說是將瓷器藝術發揮到了極致。

（上）清 同治 黃地金花渣斗（下）清 同治 粉彩黃地梅鵲紋碗

同治登基沒多久，兩宮太后便已開始籌備婚禮，該花的錢一毛都不能少、該有的排場一項也不輕忽。雖說在紫禁城內大婚確實值得大肆慶祝，但當時的清朝國勢衰弱、經濟疲乏、人民生活艱困，如此龐大的開銷僅獲得漂亮的面子卻大大失去了銀子和裡子。

這情形也反映在阿魯特氏的嫁妝上，阿魯特氏比同治大兩歲，是清朝繼孝惠章皇后後第二位出身蒙古的皇后。她的妝匳極為豐厚，光是帽子就令人驚嘆，共有冠帽二十八頂，其中包括朝冠八頂、其他冠十二頂、帽八頂。具體如下：熏貂朝冠一頂（隨黃綾冠盒）、元狐朝冠一頂（隨黃綾冠盒）、海龍朝冠一頂（隨黃綾冠盒）、羅胎涼朝冠一頂（隨黃綾冠盒）、熏貂皮冠一頂（隨黃綾冠盒）、本色貂冠一頂（隨黃綾冠盒）、海龍冠一頂（隨黃綾冠盒）、絨冠一頂（隨黃綾冠盒）、羅胎涼冠二頂（隨珍珠帽珠黃綾冠盒）、萬絲涼冠二頂（隨珍珠帽珠黃綾冠盒）、如意冠四頂（均隨各式鑲嵌寶石帽花黃綾冠盒）、熏貂朝冠一頂（鑲嵌珍珠石，隨黃綾冠盒）、熏貂朝冠一頂（鑲嵌仿珍珠石，隨黃綾冠盒）、天鵝絨朝冠一頂（鑲嵌珍珠石，隨黃綾冠盒）、天鵝絨朝冠一頂（鑲嵌仿珍珠石，隨黃綾冠盒）；團鳳飄帶帽成分（隨黃綾冠盒）、團鶴飄帶帽成分（隨黃綾冠盒）、萬福飄帶帽成分（隨黃綾冠盒）、萬壽飄帶帽成分（隨黃綾冠盒）、雙喜字飄帶帽成分（隨黃綾冠盒）、雙如意飄帶帽成分（隨黃綾冠盒）、牡丹花飄帶帽成分（隨黃綾冠盒）、海棠花飄帶帽成分（隨黃綾冠盒），每頂冠帽都配有相應的珠石、帽花以及黃綾冠盒，根據材質和樣式不同，適用於不同的場合和季節。

可惜的是，風風光光地嫁進紫禁城的阿魯特氏，最終竟成為死因成謎的皇后。那生前的榮華，終究如夢一場。

無緣的心上人

光緒十四年，十八歲的光緒皇帝大婚。

期待親政、改革國家的光緒知道大婚是掌政的首要步驟，這使得聽政多年的慈禧太后不得不認命撤簾。但捨不得放下權力的慈禧並不想完全歸政，因此她為了挑選光緒的大婚對象可說是用心良苦。最後，她決定肥水不落外人田，讓自己的侄女、桂祥之女葉赫那拉氏做皇后，就是日後的隆裕皇后。

隆裕是自己人，方便慈禧瞭解光緒的一切，好持續把持朝政。隆裕比光緒年長三歲，大婚之後，兩人之間有做夫妻的緣分卻沒有做夫妻的情分，彼此之間毫無感情可言。光緒鍾情的是聰穎的珍妃，但皇家婚姻豈是兩情相悅就能成就的一段姻緣呢？光緒終究得聽從「上面的安排」，這「上面」可以說是慈禧，或是命運，說到底就是身不由己。

然而在大婚之前，一個不祥的事發生：太和門失火了！

這是個非常糟糕的預兆，這裡曾是順治舉行登基大典的地方，更是皇帝御門聽政的所在。失火一事將使新娘被認為是會禍害夫家的不祥之人，這段婚事也可能就此告吹。但這是慈禧親自決定的親事，怎可輕易取消呢！婚禮仍要如期舉行。

不過，被燒毀的太和門該怎麼辦？籌辦婚禮的眾人想出的應急之策是用紙臨時紮出一道「太和門」。內務府找來大批搭棚、裱糊、紮彩的工匠，在一個月內趕工，用紙糊了一座太和門，外觀上和真正的太和門所差無幾，讓光緒大婚得以順利進行。但是，不吉就是不吉、假的終歸是假的，成不了真。這樣的不祥之兆，百姓看在眼裡、懼在心裡，慈禧遂為此頒布了一道命令，一是以光緒名義，對天下獎懲並行；二是暫停頤和園修建工程，保持國庫資本；三是大行獎賞，藉此籠絡人心。

然而假的太和門又怎會是真的太和？這一切隱約暗示著清朝未來的國運，一

（左上）光緒帝（右上）太和門
（下）〈光緒帝大婚圖〉之一

如光緒的老師翁同龢嘆道：「此災奇也，驚心動魄，奈何奈何！」

光緒十四年正月，光緒和隆裕的大婚典禮在紫禁城盛大舉行。大婚當日，鳳輦來到桂祥的府邸迎娶新娘，隆裕一路經過天安門、端門、午門、太和門、乾清門，最後停在坤寧宮。新娘要跨過火盆、馬鞍，福晉命婦接過皇后手中的蘋果和如意；皇后得吃合巹宴、飲交杯酒，同時有成雙成對的侍衛夫婦用滿語唱著合巹歌，最後是帝后坐帳，一起吃長壽麵。這場典禮看似如此順利！

光緒的大婚，短短的一段文字就敘述完了，但這場婚禮約花費五百五十萬兩銀子，以當時風雨飄搖的清朝而言，在最終仍堅持著享有一絲苦不堪言的繁華。

一言難盡的公主婚姻

古代王朝通常採用兩種方式與其他國家、民族或外患維持良好關係：一是大國冊封小國之首領、授予官職，稱為「冊封體制」；二是和親，「遣妾一身安社稷，不知何處用將軍。」依照兩國約定，將公主或宗室女兒嫁給當地首領為妻，依靠姻親關係共享資源並且維持兩國之間的和平關係。

第一種方式對兩國關係各有利弊，即使大國冊封小國首領，日久之後對方也不一定領情，仍然與之為敵者所在多有；又或者受封後不久即反叛，戰事一起則烽火狼煙不止。而選擇「和親」一途來化解兩國恩怨糾紛、弭平戰火，不啻是最佳選擇，只是苦了那名遠嫁千萬里之外的女子。

必也正名乎

除了「滿蒙聯姻」的傳統習俗始終不變以外，清朝同樣有對外和親政策。公主或宗室女子在出嫁前，她們的地位常會有所更動。以和親為例，若和親女子不是皇后所生的嫡公主，那麼皇帝會在和親前提升她的身分階級，以示重視。

在古裝劇中，許多人熟悉的「格格」一詞並非清朝建立後的「公主」之意。格格在滿語中是「姐姐」、「姑娘」、「未出嫁的小姐」的意思。換句話說，「格格」並沒有固定的指稱對象。《清稗類鈔》稱：「親王之女稱郡主，郡王及貝子、貝勒、輔國公之女稱縣主。然除公主外，雖有郡主、縣主資格，如未奉有正式封號者，皆統稱格格。大抵稱格格者，以次女以下之處子為多。若其長女，

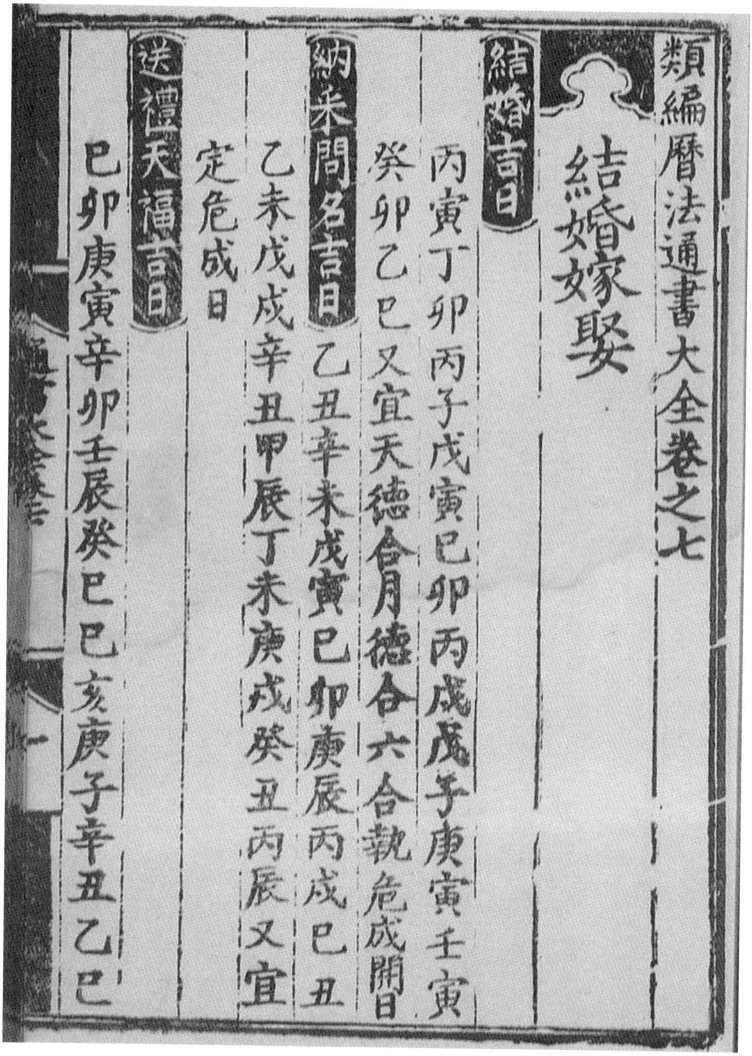
類編曆法通書大全卷之七

結婚嫁娶

結婚吉日

丙寅丁卯丙子戊寅己卯丙戌戊子庚寅壬寅

癸卯乙巳又宜天德合月德合六合執危成開日

納采問名吉日

乙丑辛未戊寅己卯庚辰丙戌己丑

乙未戊戌辛丑甲辰丁未庚戌癸丑丙辰又宜

定危成日

送禮天福吉日

己卯庚寅辛卯壬辰癸巳己亥庚子辛丑乙巳

《類編曆法通書大全》可看出當時關於結婚的種種規定

未得正式之封號者亦罕。」格格又有分等級，《清史稿》記載，親王的女兒稱做「和碩格格」、郡王的女兒和貝勒的女兒稱作「多羅格格」、貝子的女兒稱作「固山格格」，其餘的鎮國、輔國公的女兒統稱為「格格」。後金時期，皇女及宗室女也稱格格，直到皇太極改國號為大清、並於崇德元年時仿效明朝禮制，皇帝的女兒才開始被稱為「公主」，並定下封號規矩。

皇帝的女兒只有在結婚前才會被予以封號，即封為「固倫公主」或「和碩公主」。日常乃是稱其名或按排行稱呼，例如道光皇十女在出生、去世時，清宮檔案記載：「皇帝第十公主，道光二十四年甲辰三月十七日寅時，彤貴人舒穆魯氏所出，道光二十五年正月二十日卯時回。」將生稱出，將死稱回。

公主若得到正式封號，那麼皇后所出為「固倫」某某公主；其他嬪妃之女為「和碩」某某公主。在嘉慶以前，多將封號放在「固倫」、「和碩」之後，如：「和碩榮憲公主」、「固倫和孝公主」。從嘉慶朝開始，將封號置於前，如「慧安和碩公主」、「榮安固倫公主」。但這也不是絕對，在《清實錄》以及冊文中也看得到康雍年間將「固倫」、「和碩」置於前的情形，顯示在當時對於封號的禮儀規矩並不是很嚴格。

皇后之女為固倫，嬪妃之女為和碩等規矩，由皇帝與相關部門所制訂，而打破此規矩的當然也是皇帝。皇女被封為固倫或和碩公主，常見的條件有三：第一，與其母有關，母親的身家背景、入宮後的身分地位皆有所影響；第二，與額駙的貢獻有關，如康熙第十女，生母為通嬪，初封和碩純慤公主，二十六歲過世，她過世二十二年後為雍正十年，以其額駙策棱為清朝建立殊功為由，追晉為固倫純慤公主；第三個條件為是否受寵？如咸豐獨生女只嫁給一等公，卻封為固倫榮安公主。

從太祖努爾哈赤到文宗咸豐，清朝共有八十二位公主，其中已婚的公主四十五位，有三十七位公主早逝。在已婚公主中，壽命最短的是太宗皇太極的皇十一女，她生於崇德元年三月二十五日，生母為懿靖大貴妃。順治四年十二月十三日她下嫁給噶爾瑪索諾木時十二歲，去世時年僅十五歲，順治十三年六月十五日追晉為固倫端順公主。

公主出嫁時

在清朝，公主出嫁稱為「下嫁」或「厘降」。和碩公主和固倫公主下嫁時，陪送的禮物、丁戶、護衛等，在待遇上均有等級差別。順治七年之後，公主們能得到「莊田」，即每位公主有園地六十晌（約三百六十畝田地）；道光二十五年，壽恩公主出嫁時改為每年從會計司莊園頭錢糧內提銀一千二百兩，待遇大大地提升了。

公主婚後住在哪裡、誰負責伺候起居，由皇室一手包辦。公主府均由皇家提供，隨行人員的俸祿也由皇家支付。為了確保公主出嫁後安全無虞、舒心愉快，乾隆曾諭令：「固倫公主分內，著定為三品翎頂長史一員，頭等護衛一員，二等護衛二員，三等護衛二員，六品典儀二員。和碩公主分內，著定為四品翎頂長史一員，二等護衛二員，三等護衛一員，六七品典儀一員。不必拘定陪嫁人戶，聽從公主隨便揀放。又固倫公主、和碩公主太監內，准給八品頂戴一人，報禮部、內務府備查。」也就是這些隨行的侍衛、侍女都升了官，有「品級」，收入相當不錯。

出嫁禮儀

清朝公主出嫁主要有以下幾個流程。

親迎狀況示意

初定禮：相當於現在的訂婚，下嫁對象由皇帝指婚，日期由欽天監訂定。訂婚禮物是八匹馬、一頭駱駝，道光二十二年後改為九隻羊。訂婚宴席需要九十席面、九十九隻羊、四十五尊酒。

成婚禮：成婚當日由額駙到午門進貢九九大禮，主要有文馬二十九匹、玲瓏鞍轡、甲冑二十九副、閒馬二十一匹、駱駝六頭、宴席九十席、羊九十九隻、酒水四十五尊。

吉時迎親：用八個燈籠、十二支火把、二十條紅毯做儀仗（嘉慶十一年後加倍），沿途以清水潑街清場。額駙之父到外堂迎親，額駙之母到中堂迎親，吉時用九隻羊、九瓶酒祭祀天地，喝交杯酒圓房。成婚第二天內務府送六桌席、四桶茶到公主府表示皇帝的關愛。

回門禮：公主成婚九日後，要和額駙回宮行禮，稱為「九日回門」。回門時公主儀仗全開，由內務府官員一人、護軍參領一人、護軍校二人、護軍二十人，隨行女子無數同行參拜，由皇宮賜宴。

至於公主的嫁妝價值，必須看母親的身分，若母親並非皇后則依是否出身高貴家族、公主是否受寵、額駙家族是否顯赫而定。嫁妝內容也視當時的國庫狀況

吳三桂受封圖

而定。以制式的規格來說，大約是賞銀萬兩、金銀器皿、衣冠朝服、綢緞布匹、騾馬車輛、丫鬟侍女無數，還有長史一人、護衛軍校，共計七十四人；莊田、農戶、當鋪、收房租的空房、每月領四百兩俸銀。不管嫁出去的女兒和自己是否親近，皇帝總是會希望公主未來的生活過得體面又舒適，因此清朝公主的嫁妝倒是沒有出現過寒酸的場面。

滿漢聯姻

清朝立國後，由於漢人的社會地位比較低，皇帝通常不會將公主嫁給漢人大臣。然清朝國祚兩百七十六年中，仍有四名公主嫁給了漢人大臣，其中兩名是皇帝的養女。從這幾位公主下嫁的對象來看，「政治目的」是極為重要的因素，畢竟清初入關後政權仍有不穩之處，亟需以和親手段籠絡手握兵權的漢人臣子。

皇太極的皇十四女建寧公主與吳應熊完婚後居住在京城，然而形同人質。康熙十二年，吳應熊的父親吳三桂起兵反清，吳應熊被捕入獄後處死，建寧公主和幼子則被幽禁在宮中。康熙平息吳三桂的叛亂後處死了公主的兩個幼子和吳應熊的庶子，公主則倖免於難，並於康熙四十二年去世，時年六十三歲。

建寧公主的一生因政治目的出嫁，也因政治關係經歷生離死別的巨大悲痛，然而面對這些苦楚，或許她在出嫁之時，早已經做好了心理準備。

順治的養女和碩和順公主嫁給尚可喜之子尚之隆，康熙不僅晉封尚之隆為侍衛內大臣還常親賜匾額、對聯等物。和碩和順公主於四十四歲去世，雖然她的婚姻是以籠絡三藩為主要目的，一生倒也算過得平安順遂。

順治另一個養女柔嘉公主十二歲時嫁給耿仲明之孫耿聚忠；康熙三年，被正式冊封為和碩柔嘉公主；康熙十二年，二十二歲的柔嘉公主因病去世，之後發生三藩之亂，然耿聚忠並未附從此亂，遂得到康熙信任而被加封為太子太保，得以全身而退。

康熙的皇十四女和碩愨靖公主嫁給甘肅提督孫思克之子孫承運。皇十四女的生母袁氏為漢軍旗人，她是康熙的女兒中唯一擁有漢族血統的公主。而康熙將公主嫁給漢人大臣的原因，自然是為了安撫漢臣及全天下漢人，因此在承平之時將公主風風光光地出嫁，讓天下人親眼看見「滿漢聯姻」。

升級的公主

上至皇帝下至侍衛，他們的女兒都肩負著護衛江山的責任。公主出嫁後或可留居京城，宗室女就連亡故都必須葬在異鄉，有些宗室女甚至成為續絃對象，如「貝子祥端長女：嫁喀喇沁郡王多爾濟」，然而在她過世後，多爾濟又娶了惠親王綿愉之女。

清朝公主和宗室女子與蒙古和親者，共一百一十一例。清廷規定：嫁到蒙古各部落的公主及皇室家族成員的格格，出嫁後十年才准許回京。例如康熙的皇三女和碩榮憲公主，生母為榮妃，她於康熙三十年、十九歲時嫁到蒙古巴林部，直到康熙四十八年才返鄉歸寧。當她回到紫禁城時卻遇上康熙重病，公主「視膳問安，晨昏不輟，四十餘辰，未嘗少懈。」令康熙深受感動，病好後下旨褒獎，晉封她為固倫榮憲公主，讓她在蒙古的待遇大勝以往。這一封，也使得她在雍正六年病逝後更享身後榮光。

康熙的六公主（序齒十）生母是通嬪，僅是一名庶妃，因生下公主晉升為嬪。六公主初封為和碩純愨公主，嫁給超勇親王策棱後，得到升級為固倫的身後

富察皇后

殊榮。策棱、博爾濟吉特氏、喀爾喀台吉、元太祖成吉思汗二十世孫，於康熙三十一年跟隨祖母歸順大清，被授予三等輕車都尉，賜居京師。他和弟弟恭格喇布坦一同在宮中接受教養，康熙四十五年五月，康熙將和碩純慤公主指腹為婚，嫁給已婚的策棱，同時授其為和碩額駙，賜貝子品級並在京城賜公主府，留居京城。康熙六十年，策棱又以軍功授札薩克；雍正元年封其為多羅郡王、雍正九年晉封和碩親王並授大札薩克；十二月，授固倫額駙。策棱為清朝屢建戰功，更得以配享太廟，純慤公主因此於雍正十年被追贈為固倫純慤公主，這是清朝少有的「妻以夫榮」的例子。而策棱與公主的婚姻竟遙遙影響了康熙的曾孫女和靜、和恪公主的婚姻。

除了榮憲、純慤公主的「升級」以外，還有一位公主擁有特殊的皇家禮遇。根據清朝皇家律例，凡公主遠嫁者可得到年薪一千兩，當時的一品大官年薪約一百八十兩白銀、一百八十斛米，對照之下，公主出嫁後可說獲得非常好的待遇。

同是公主不同命

乾隆和富察皇后所生的第三個女兒和敬公主，出生於雍正九年。乾隆在她很小的時候就已經替女兒決定好未來的婆家，還把未來的額駙——出身蒙古科爾沁的博爾濟吉特氏輔國公、色布騰巴勒珠爾接進紫禁城中和皇子一起讀書習武，努力培養未來的女婿。乾隆十一年，和敬公主十五歲，內務府開始著手準備公主的嫁妝，嫁妝內容包括日常用品、伙食、份例，隨行人員甚至超過皇貴妃的等級，只比母親富察皇后出嫁時少了一些，乾隆皇帝還賞給和敬公主一大堆頂級珍貴的東珠，由此看出他對女兒的疼愛。

乾隆十二年，乾隆不捨女兒遠嫁蒙古，乾脆在北京城建造了公主府，讓和敬婚後還是可以繼續留在京城中。於是，和敬公主成為清朝中享「遠嫁」之名亦有遠嫁待遇的「留京」公主，她的年薪比照遠嫁的規矩辦

和敬公主府

理，一年可領一千兩俸銀。成為固倫或和碩固然是一件極為光榮和有益於夫家的事，然而能夠留在京城居住，才是令公主們真心感到雀躍的幸福吧！

好命公主和敬，想必令所有遠嫁的公主或宗室女子豔羨不已，畢竟清朝歷史上可憐的公主和宗室女子很多！據統計清朝有四百三十二位皇室女性，其中公主有二十八人（包括養女）嫁給蒙古王公。乾隆十二年以前，大多數公主都葬在蒙古的婆家，從固倫和敬公主開始，公主亡故後不必葬身蒙古而是葬在京城附近，此後成為定制，但遠嫁蒙古的「王公之女」還是得葬於蒙古婆家。

遠嫁的女子勢必要跟隨蒙古的習俗、生活文化和飲食習慣，感到諸多不便事小，但若是兩國之間起糾紛，內心面臨掙扎必定是痛苦不堪，又或者丈夫過世後必須按照當地傳統改嫁，也是另一番折磨。

孝莊太后的長女固倫淑慧公主，一生出嫁了兩次，兩個丈夫都對她很好卻都比她更早離世。第一任丈夫喀爾喀博爾濟吉特氏是北方遊牧民族的首領，皇太極收復蒙古後，喀爾喀主動求和，為了保證雙方和平共處，皇太極遂將固倫淑慧公主送去和親。結婚十二年後，喀爾喀去世。清朝入關前不反對甚至支持女子再嫁，因此長公主又嫁給成吉思汗的後代、巴林部博爾濟吉特氏。由於這支部落到了皇太極時國力衰弱因此求和，長公主便再次肩負和平重任前往和親。她陪著丈夫度過了二十年的光陰，又再次遭遇喪夫之痛。當時，恰逢孝莊皇后病重，康熙把長公主接回宮中探望母親，然而她終究無法長伴母親左右，最後仍然必須回到蒙古度過餘生。固倫淑慧公主歷經皇太極、順治、康熙三朝，於六十九歲過世，相當高齡，她可說是用了一生的坎坷為國家換來多年和平。

皇太極與孝端皇后的皇二女固倫溫莊公主馬喀塔（清朝入關前還保留些許女子名字，入關後便無從得知，只知其姓氏），十二歲時初嫁林丹汗之子額哲，十七歲時夫亡、二十一歲又嫁給額哲的弟弟阿布鼐，等於嫂嫂嫁給小叔。皇太極的皇五女固倫淑慧公主阿圖，生母是後來的孝莊皇后，她十二歲時嫁給了索爾哈；順治初年，其夫亡，順治五年又嫁給輔國公色布騰。一嫁再嫁，公主的一生恍若浮萍般漂泊無依。

入關後，因為皇帝在滿漢間尋找協調相處之道，因此受到漢人的禮儀、習俗和文化影響，在順治朝以後的公主已經很少改嫁了。

康熙第六女、四公主和碩恪靖公主，嫁給漠北喀爾喀土謝圖汗部、敦多布多爾濟。本來她婚後該盡快啟程，由於正逢漠北寒冷的冬日，且婚後不久便有孕在身，所以沒有立即遠赴婆家。康熙三十八年，土謝圖汗察琿多爾濟去世；次年三月，敦多布多爾濟承襲土謝圖汗爵，要求和碩恪靖公主返回其遊牧地方，公主遂在婚後第四年首次前往漠北，但次年即返回京城。公主長住京城不宜，但康熙不放心女兒身處漠北，於是在漠北和京城中間的歸化城（今天的呼和浩特市舊城）建立公主府，讓女兒在此定居。

誰說帝王家總是無情？當我們回頭看看這些遠嫁女兒們的故事，還是可以觸碰到皇帝的心中最柔軟的某個角落，順治的不忍、康熙的關懷，確實是令人感動的！

以夫為貴的公主

乾隆第七女固倫和靜公主，生母為皇貴妃魏佳氏、孝儀純皇后。乾隆二十一年，出生約兩個月的和靜公主就被指婚嫁給超勇親王策棱之孫拉旺多爾濟，乾隆旋即下詔命拉旺多爾濟之父和碩親王成袞扎布將其子送進京城種痘，並進入內廷教養。乾隆的目的非常明確，就是希望這門婚事讓兩方的利益得以穩固，他所疼愛的和靜公主也能擁有身體強健的額駙，這是乾隆寵愛女兒的方式。

乾隆三十五年，公主十五歲，乾隆在她出嫁前正式封其為固倫和靜公主。出嫁當月，乾隆於七月初四親臨剛建好的七公主府巡視，確保公主府一切無虞，然而公主府未能如期建成，乾隆索性將熙春園賜給和靜居住。當年七月二十一日，公主於正大光明殿行初定禮，七月二十七日正式下嫁拉旺多爾濟，這場婚姻也受到極大的矚目。

乾隆將和靜升級為固倫的主要原因是和靜的額駙為超勇親王的孫子，超勇親王策棱為清朝建下極為重要的戰功，皇帝必須給予更光榮的待遇。因此在額駙拉旺多爾濟娶了固倫和靜公主後的第二年，便襲封超勇親王爵位。

乾隆四十年正月初十日，固倫和靜公主薨逝，年僅二十歲。和靜生病時，乾隆每隔五日即親臨公主府探視一次，並多次賞賜食物、水果和點心。公主薨後，乾隆親臨祭奠，祭文亦感情至深，用了「雨涕」、「深愴」等詞訴盡哀慟，而這些詞彙在當時並不會出現在上對下的關係當中，由此可見乾隆喪女的心痛。乾隆四十年，授和靜額駙領侍衛內大臣後又兼都統；嘉慶八年，嘉慶在順貞門遇刺事件中，拉旺多爾濟曾與定親王綿恩一起與行刺者成德搏鬥並擒住了成德，因此詔賜御用補褂，並充上書房總諳達；嘉慶二十一年他因病歸藩，當年五月十六日去世。

相較於和靜公主，她的同胞妹妹和恪公主似乎就沒有得到父親的諸多照顧

超勇親王策棱

了。乾隆三十六年十二月，乾隆第九女被封和碩和恪公主，並於次年八月下嫁將軍兆惠之子札蘭泰。和恪公主行初定禮筵宴時，乾隆與皇太后人在熱河行宮，本應於保和殿舉辦的筵宴因此停辦，改在慈寧宮設宴；內務府在公主養母舒妃所居之永壽宮備席，但乾隆、皇太后同樣地無法出席，後又因和碩和恪公主居住京城，乾隆遂下令不需準備嫁妝中的帳房、牛車、駱駝、涼棚等物品，這其實是變相削減了和恪公主的份例。

乾隆四十五年，和恪公主生病時，乾隆兩次親自前往探病，她於乾隆四十五年十一月十九日薨，年僅二十三歲。和恪公主過世後，乾隆將她的女兒接進宮中扶養，並將和恪的遺產留給外孫女當嫁妝。乾隆四十七年七月又親自為外孫女指婚，擇定科爾沁卓哩克圖親王恭格喇布坦之子、一等台吉、琳沁多爾濟為外孫女的額駙。

該說乾隆偏心嗎？身為父親，乾隆心疼女兒的心是一樣的；身為皇帝，他在對待額駙的「靠山」時，勢必得做出區別。和恪和姐姐的出嫁時間其實差不多，只能說姐妹倆的婚配對象多少影響了她們的婚姻。她們的丈夫一個是歸順清朝又戰功赫赫的策棱之孫；一個是定邊將軍、一等武毅謀勇公之子，都是對清朝大有貢獻之人。然而，策棱乃康熙朝便歸順清朝且配享太廟者，兆惠的主要功績是於乾隆十五年入值軍機處、平定大小和卓之亂，若以「年資」或「輩分」論，乾隆確實得對和靜多一些照顧，以示對康熙的敬重和禮遇蒙古的用心。

公主生孩子

按照《欽定宮中現行則例》，公主生日、生孩子都有賞賜。具體來說，過生日的話：「是日，恩賜上用緞三疋，官用緞三疋、春紬三疋、綾三疋、中品果桌一張、賞用果桌二張。」至於生孩子，賞賜更為豐厚，就連玩具都準備好了。

公主生產後，嬰兒於出生後第三日要舉行洗去災難、祈求祥瑞的沐浴儀式，即「洗三」。若是生了兒子，「洗三」儀式可以得到重五錢金錁二錠、銀錁八錠、「九日上搖車」用重十兩琺瑯銀麒麟一件、春綢襖三件、閃緞被褥一套、緞被褥一套、潞綢被褥一套、緞枕一個、潞綢擋頭一個、布糠口袋兩個、緞空單一個、布空單一個；「彌月」用染貂帽一頂、嵌珊瑚重八錢金串帶一分、緞棉袍褂三套、春綢棉襖三件、粧緞襪緞靴各一雙、銀三百兩、表裡五十端（內：官用緞五匹、素緞五匹、衣素五匹、宮綢五匹、小潞綢五匹、綾十匹、花春綢十匹、花紡絲五匹）見方三幅紅杭細乞單四個；若是生了女兒，「洗三」將得到重三錢金錁二錠、銀錁四錠、「七日上搖車」用重十兩珐瑯銀麒麟一件、「彌月」用重三錢金結手巾二分、重九錢金鐲一對、嵌珍珠重二錢金耳墜一分、銀二百兩。表裡四十端（內：官用緞四匹、素緞四匹、衣素四匹、宮綢四匹、小潞綢四匹、花紡絲十匹、綾十匹）見方紅杭細乞單四個。

從洗三、上搖車到滿月，各類金銀綢緞、生活用品的賞賜相當完備。雖然公主生女賞賜規格遜於生子，但禮物中包含金鐲、金耳墜等女性首飾，亦可謂用心周到。

乾隆二十八年八月二十三日，和碩和嘉公主分娩頭胎生了兒子，除了以上的禮物、金銀之外，乾隆還賞賜「年命相合乳母夫婦一對」，滿月時再賜予「備駕鞍小馬一匹」。

嘉慶十年三月二十八日，和碩莊敬公主生得一女。除依公主生女之例賞給外，嘉慶另賞其乳母，乃是「正黃旗李鏞佐領下武備院匠役郭興阿妻張氏，年二十九歲。」也就是說，嘉慶不放心女兒婆家找的奶娘，親自為外孫女挑選了隸屬正黃旗的乳母。

終歸是女兒家，終歸是父親和兄長關懷的公主。身為一國之君，面對和親諸多無奈之餘，能夠付出多少關注和疼愛給留京的公主、返鄉的公主，必定是盡力付出。這是帝王家的一方溫情，女兒們才有、女兒們才懂，哪怕這份擁有和理解的背後有著無盡的辛酸和眼淚。

第五章

紫禁城
眾生相

紫禁城中有許多小人物扮演著重要角色，他們維繫著宮中的不同事務，刻劃出清宮中一道道平凡卻饒富興味的風景。

超級總管內務府

在紫禁城中，生活中的大小事務和紫禁城中的人們都離不開內務府。若無「內務府」，恐怕是要天下大亂了！

何謂內務府？《欽定總管內務府現行則例》：「國初設立內務府。順治十一年裁置十三衙門。」康熙曾讚譽：「明季宮中，一月用萬金有餘。今朕交內務府總管，凡一應所用之銀，一月止五六百兩，並合一應賞賜諸物，亦不過千金。」這樣看來，內務府似乎是個和管錢有關的單位？事實上，它是紫禁城中的總管單位、超級管家、各式服務供應處。

內務府管理的事務有造辦處、御藥房、掌關防處、廣儲司、六庫（銀庫、皮庫、瓷庫、緞庫、衣庫、茶庫）、七作（銀作、銅作、染作、衣作、繡作、花作、皮作）、二房（帽房、針線房）、御茶膳房、管理熱河行宮、管理三大殿（太和殿、中和殿、保和殿）、營造司，外朝工部掌宮廷營造修繕事務，下設七庫和三作、七庫（木庫、鐵庫、房庫、器庫、薪庫、炭庫、圓明園薪炭庫）、三作（鐵作、漆作、花炮作），這只是內務府工作的一小部分，內務府太監的工作其實是包山包海，從帝后到雜役，他們的食衣住行所需都靠內務府處理。因此內務府的總管太監地位相當重要，畢竟大夥的生活都需靠他交辦打點。

內務府底下的工作人員是太監。東漢前，宦官乃侍於內廷之人，包括閹人、士人，到了清朝，太監成為宦官專稱。太監的品級有大總管、副總管、帶班首領、御前太監、殿上太監、一般太監和下層打掃處小太監之分。不同等級的太監官階也不一樣，康熙朝的太監最高品級為五品，雍正朝最高為四品，至晚清則為二或三品。以品級舉例，副統領太監為六品，首領太監為八品使監，但也有無品級者，此外，還有筆帖式太監，這是敬事房才有的太監品級，屬八品侍監。

說到敬事房，許多人會聯想到清宮劇當中太監負責讓皇上翻牌子、選擇侍寢嬪妃的情節。皇帝若不翻牌子，敬事房太監就一臉苦惱，又或者是嬪妃會籠絡敬事房太監，把自己的牌子擦得乾淨些、放得前排些，好讓皇帝一眼就看到，大家可別當真，這都只是戲劇效果而已！真實情況並非如此。敬事房原是宮殿監辦事處，康熙規定由內務府總管宮廷事務，並設立敬事房做為懲處太監的機構，太監若出了差池或需要例行的體檢都由敬事房處理，也就是敬事房乃是處罰或體檢太監的地方。

清初旗人在社會地位較高，因此淨身入宮當差的例子並不多。雍正、乾隆都有禁令，諭示不許旗人子弟淨身，並有相關嚴厲罰則。但在《內務府奏銷檔》、《內務府活計檔》檔案中仍然提及太監應差辦事；交付匠作的時候，看到的管事太監乃是旗人姓名，並非都是漢人。當宮中的太監有滿有漢、官階有高有低，那麼該如何區分其身分呢？在階級森嚴的宮中，靠「服裝」區分是最快的方式。太監的衣服顏色有灰色、藍色、紅色、茶色、駝色五種，春天是藍灰色，夏天是茶駝色，秋天和冬天是藍灰色，生日穿紅紫色，忌諱之色為青紫色；區分身分的服裝形式是鞋、上衣、帽子，長上衣、短上衣、襯衣、大長上衣、坎肩、褲衩、夏天的束帶、繫褲腳的紐帶等。總管首席可以穿長及腳踝的大長上衣，其他人員只允許穿坎肩，鞋子都是藍色；只有總管首席穿長靴，其他人都是短靴。得到官吏位階的太監戴著各種帽子，所以也可以根據帽子分別等級：二品是紅帽、三品

〈萬國來朝圖〉可看出太監們的穿著不同

是藍色、四品是深藍、五品是白色、六品是灰色、七品是金色、八品是金色繡壽字。此外，上衣前後胸縫上的鳥類圖騰，也都分別表示不同品級：二品是鶴、三品是鳳凰、四品是孔雀、五品是鷺、六品是鶯、七品和八品是鵪鶉。差遣的太監都穿著紫色的綢緞服，在前後胸襠上刺著盤尾的蟒或蝙蝠。其他太監穿著藍色或紫色的布製衣服，沒有胸襠。

如此一來，眾人走在紫禁城，只要看到不同的服裝就可以行禮如儀，這是一套清晰的識人法則。畢竟紫禁城有七十二萬公頃，在這麼大的宮內走來走去的宮女、太監們，是不可能如電視和電影中演的，遠遠一看就知道來者是何方神聖的。因此，外顯的服裝特色乃是紫禁城中幫助識別身分的好幫手！

大有來頭的御前侍衛

「御前侍衛」一職由清太祖初期建立，隸屬於「侍衛處」。「侍衛處」負責拔擢滿蒙貴族及武進士所擔任的職員；侍衛制度完善始於順治朝，侍衛處設領侍衛內大臣六人（每旗各兩人，正一品的武官），其下還有內大臣六人、散秩大臣等（無定員）；侍衛分四等，即一等侍衛（正三品）六十人、二等侍衛（正四品）一百五十人、三等（正五品）、四等（從五品）共兩百七十人、藍翎侍衛（正六品）六十人。侍衛中的宗室成員另設名額，宗室一等侍衛有九人、二等十八人、三等六十三人。這些侍衛當中能夠跟隨在皇帝身邊並受到皇帝信任的最多兩三位，就是所謂的御前侍衛了。

侍衛的等級和名額皆有所限制，御前侍衛的選拔標準更是嚴格，最接近皇帝的內廷侍衛是從皇帝親自統領的上三旗中挑選，有時候直接就從皇帝的表親當中挑選，因此漢軍旗是不可能成為皇帝跟前的人。除了出身家世以外，還會要求符合相貌、武藝、文采條件。要求武功高強情有可原，何以還要嚴格挑選相貌和文采呢？論相貌，貼近皇帝的人自然也象徵著國家的體面，外型當然不能太差；論文采，這些御前侍衛往後必定步步高升至國家級重要官員，皇帝常常和他們討論國家要事，若無文采，要如何與皇上對答如流？

清朝前期，御前侍衛的出身皆是滿清宗室或者是蒙古王公的子弟，而這些子弟本身就是勳貴，因此這個職位不過是上層階級的流動而已。

〈萬國來朝圖〉可看見侍衛的身影

御前帶刀侍衛是皇帝最信任、與他最親密的人，許多時候遠比宗室大臣更瞭解皇帝到底在琢磨思量什麼。除了文武雙全以外，對於皇帝的忠誠度更是重要，所以御前侍衛經常由宗室子弟擔任，甚至與皇帝有姻親關係，時時陪伴在側最讓人放心。例如康熙朝的納蘭明珠，「明珠自侍衛授鑾儀衛治儀正，遷內務府郎中。」他由御前侍衛起家，官至大學士。這條順遂的升官之路證明明珠的才能非常優秀以外，他的父親尼雅哈與皇太極有表兄弟的關係，若在尋常百姓家，康熙還得喊明珠一聲「表叔」呢！

清朝的侍衛，不僅需要警蹕扈從，還有傳旨、奏事、出使、授將、拘捕要犯等權力。有功的侍衛還有機會享有一項極特殊的榮耀——被皇帝恩賜黃馬褂！在清朝，不少位極人臣的高官都是侍衛出身，像是支持雍正的隆科多、乾隆手下的大將阿桂、重用的武將福康安，都是從侍衛出身，並且一路步步高升。

御前侍衛最基本的工作是負責保護皇帝，還必須具備實際作戰的能力。皇太極就曾率領眾多侍衛組成親兵與明朝軍隊奮戰。據《領侍衛內大臣等胄制》記載：「複合內大臣、侍衛等，誘錦州敵兵，擊斬之」，裡面的侍衛就包含御前侍衛。從皇太極當年率軍攻克錦州城外的九處臺堡一事可以看出，戰時可做為精兵的御前侍衛，武功實力絕對不容小覷。權傾一時的貪官和珅也曾擔任過乾隆的御前侍衛，據《清史稿》記載：「乾隆三十四年，承襲三等輕車都尉。尋授三等侍衛，挑補黏杆處。四十年，直乾清門，擢御前侍衛，兼副都統。次年，遂授戶部侍郎」。他在乾隆三十四年成為乾隆的侍從，七年後擢升為戶部侍郎，乾隆對他可說信任有加。

身為皇帝身邊的侍衛是光耀門楣的大事，而在宮廷所有侍衛中，御前侍衛的福利待遇最好，除了本薪之外，還享有福利補貼與恩賜，只是這些貴族子弟對於錢財倒不是非常重視，他們在乎的是未來的升遷和家族榮耀。畢竟這是一項極為艱鉅的任務，稍有失誤，可是會牽連整個家族，全家一起受罰啊！所以，享受光榮時更須謹慎小心！

太醫難為

在古代，專為帝王及其家族成員、重要官員看病的醫生稱為太醫。《後漢書》記載宮廷有醫官、醫吏、主管藥物的藥丞、主管藥方的方丞；唐朝太醫供職的地方稱為太醫署；宋朝設立了太醫局，它和太醫署不僅是宮廷的醫療保健機構，還負責傳授醫療知識、發展醫學教育。清朝繼承了明朝的制度，「太醫院」為官方醫療機構，職能、官員品秩和執掌項目都有嚴格規定。

分科掛號

《大清會典則例》記載，清朝太醫院取消了明朝的金鏃、按摩、祝由三科，增設痘疹科，共十一科：大方脈、小方脈、傷寒科、婦人科、瘡瘍科、針灸科、眼科、口齒科、咽喉科、正骨科、痘疹科。後又將痘疹科歸入小方脈科，將咽喉、口齒科合併為口齒科，共九科，光緒年間又合併為：大方脈、小方脈、外科、眼科和口齒五科。

「大方脈」專治成年人疾病，相當於現在的內科，是太醫院眾科之首。「小方脈」類似現在的兒科專治；「傷寒科」專治外部疾患，像是現代的專科門診；「婦人科」專治婦女疾病，「瘡瘍科」專治腫瘍、潰瘍、金瘡等疾病；「痘疹科」專治天花。滿人入關後十分畏懼天花，偏偏北京是天花的好發地區，朝廷遂

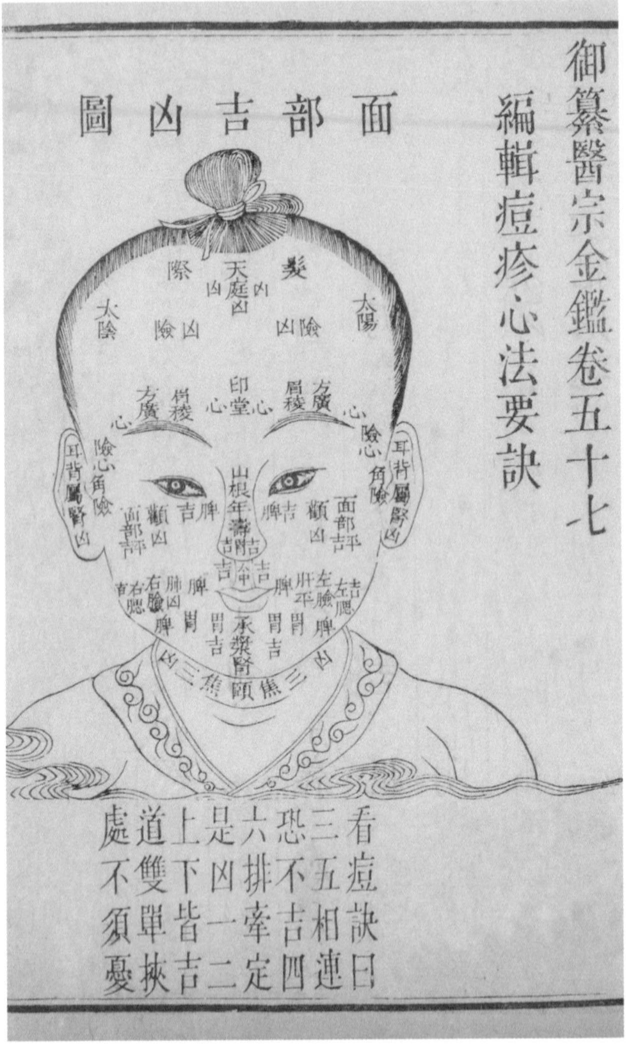

《御纂醫宗金鑑》編輯痘診心法要訣

增設此科。康熙十九年十一月，年僅七歲的二阿哥胤礽出天花，有人舉薦「善為小兒種痘」的醫生傅為格，因此將他召入宮中為太子種痘。此時的種痘技術是種「人痘」，即用痘疹患者的痘漿或痘痂做為疫苗，植入被種痘者的鼻中，使被種痘者出一次輕微症狀、不致喪命的天花後，獲得免疫力。這種治療方法得到朝廷認可，康熙遂在太醫院設立痘疹科，任命專人負責種痘、治痘之事。

曾經出過天花的康熙，果然能將心比心、苦人所苦啊！

白色巨塔的升遷之路

清宮的太醫來自全國各地的民間醫生，以及從舉人、貢生中挑選出精通醫理，也願意為宮中效力者。

《清史稿．職官二》記載清宮太醫院的成員和等級：「院使，左、右院判，俱漢一人。其屬：御醫、吏目、醫士、醫生。」太醫院的長官稱院使，官居正五品；院使下設左右院判各一人，為副長官、正六品；御醫十五人、正八品；吏目三十人，其中十五人是正八品，十五人為正九品，有醫士四十人、醫員三十人，他們沒有明確的品級。另外設有醫生二十六人，專門「掌灸治之法」，主要負責內廷製藥。太醫院不僅診療、製藥，還負有醫療教學的職責，設有「教習廳」以培養醫務人才，御醫和吏目中醫術高超者才有被選為教習的資格。簡單來說，太醫共分為四個等級，從高到低依次為：御醫、吏目、醫士、醫生。御醫、吏目、醫士擁有診病、開方資格，醫生則是「見習於太醫院」的實習太醫，但是常常實習到天荒地老都不一定有機會升級。這和醫術不一定有直接關係，一方面是醫生人數較多，競爭激烈；另一方面則是資歷深、醫術佳的前輩們一旦受到重用，皇帝當然不肯放人，後輩哪有升遷機會？

在清朝，透過考試進入太醫院是成為醫官的途徑，若是出身太醫院的醫官世家子弟，則可以直接進入太醫院學習。若非世家子弟，有醫生世家的人幫忙擔保也有機會參加面試，進入太醫院當學生，經過三年學習，再通過禮部主持的醫學大考，成為太醫院的醫官。

進入太醫院醫官系統後，準太醫們會根據品級、缺額情況進行升補。醫士可升補為吏目，吏目可升補為御醫，御醫可升補為右院，右院可升補為右院判，右院判可升補為左院判，左院判可升補為院使。太醫院正副長官由禮部上報吏部，御醫、吏目的任選、升補則由內部經過考核、篩選、檢驗過程後上報禮部、報送吏部註冊。

進入太醫院後，從底層一步一步往上爬，耗上五年、八年的時間是必經之路。但是還有一條通天途徑，即世家子弟直接授職，連進入太醫院學習都可免除。清朝皇帝就曾下令將太醫院中醫術精湛的太醫子弟直接授為吏目等微職，既是對有功太醫的嘉獎，也增加了可靠的候補成員。順治朝的御醫祁坤出身醫學世家，到了康熙朝，因醫術精湛升為太醫院院判，並著有《外科大成》一書。祁坤的兒子祁嘉釗自小耳濡目染，從康熙三十六年開始在太醫院任職，他曾醫治皇十八子的腮腺炎和皇十三子的右腿潰爛，多次受到康熙嘉獎。這種父子兩人相繼成為太醫，在太醫院中工作的例子並非少數，但心情都是戰戰兢兢、如履薄冰。

若民間醫術高超者，也可以透過選拔成為太醫，由地方官推薦當地名醫入朝為官；雍正就曾下令各省督撫可舉「灼知之年老醫」，到京後經太醫院測試合格後任職。

無論以何種方式當上皇家醫生，成為正式太醫後，更艱難的任務還在後面。《清史稿．職官二》：「御醫、吏目、醫士掌分班侍值，給事宮中日宮值，給事外廷日六值。西苑壽樂房以本院官二人值宿。」太醫服務的對象不止皇帝、后妃及「宮直」，還負責皇室宗親、重要官員的醫療服務，即「六直」。康熙朝，大阿哥的福晉產後失血過多，康熙下旨命宮中的兩位大夫一同前去診療。他們為福晉開了加減益氣建中湯：玉竹三錢、黃芪三錢密炙、白術二錢土炒、白芍二錢酒炒、肉桂七分去皮、當歸二錢酒洗、半夏一錢薑炒、香附一錢醋炒、基草一錢灸、引用煨薑一片、黑膠棗二枚，太醫並需將診治過程、所開藥方內容詳細記錄後彙報給皇帝。每當皇帝出巡，太醫院也需派員隨行，通常是派「醫院御醫二人，吏目三人」；倘若皇帝恩寵的地方官員身染疾病，太醫也得前往診治，若是出差途中山高水深，很是辛苦。

錢少事多又操勞的皇家醫生

清朝皇帝注重養生，奉行「有病治病、平日保健」的生活原則，因此就算是無病無痛的日子，太醫也要替皇帝、后妃把脈，以確保身體無恙。太醫的診治過程、病人的脈象變化、用藥情況都有專人記錄下來以成為「脈案」、「醫案」，甚至出現多人記錄診療過程和結果的情況。太醫在看病前也要先看過該病人的脈案、用藥紀錄以瞭解其體質、用藥習慣，才能更精準地掌握醫病之方。給皇帝開藥、進藥時更需小心謹慎，所開藥方要「隨即登簿冊，年月下書名，近臣收掌」做為憑據；調製藥物的過程則必須在近臣監視下完成，煎製好後分裝於兩個器皿中，其中一個器皿的藥依次由開藥的御醫、院判、近臣試喝，確認沒問題後再給皇帝服用。

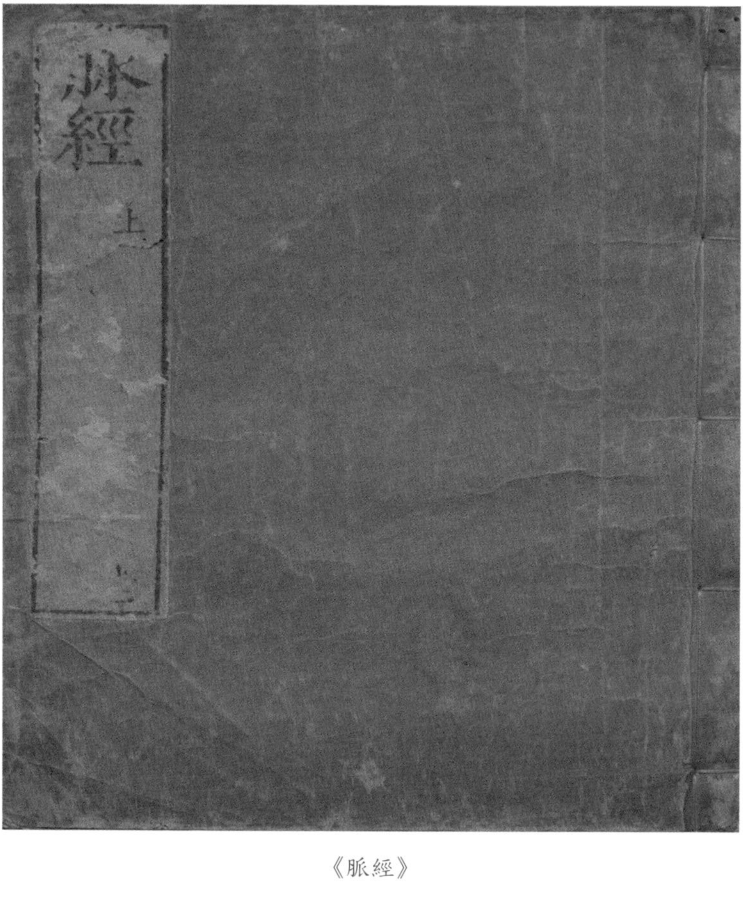

《脈經》

康熙五十四年，太醫院院使孫之鼎等奉旨治療正黃旗內大臣頗爾盆的「痔漏復發症」。孫之鼎回報此病束手無策後，康熙說他「庸醫誤人，往往如此」令孫之鼎等人惶惶不可終日，有位太醫因此鬱鬱寡歡，憂心致死。乾隆二十年，太醫院院使劉裕鐸領旨治療領侍衛內大臣伯依勒慎的「傷寒發疹之症」，結果，伯依勒慎的病情反而益趨嚴重，乾隆一氣之下，降旨給內務府總管大臣：「一個病人都治不好，你多留點心，還有去守著他們，看他們是怎麼治病的！」劉裕鐸等人的下場當然不好過，輕則杖責丟官、重則下獄都是意料中的事。

太醫身負守護皇家健康的責任，但官階品級並不高，所得俸祿也不多。雍正元年規定：醫士月給公費飯銀一兩五錢、米九斗，而當時的普通太監月銀就有二兩，起薪確實偏低。

清宮的太醫難為，不僅難在升遷不易、錢少事多且不能掉以輕心。在太醫院中工作，身懷高超醫術固然是好事，但是行事謹慎和運氣更重要，遇到無力回天的疾病只能夠開出「安全牌」藥方，別讓病情忽然惡化就好。要是運氣不佳、一治就死，只能任由皇帝責罰。看來，救人之前還得先救自己才行！

第六章

跟著帝后學養生

尋求長壽萬福是許多古代帝王的夢想。而養生，首要功夫是平心靜氣，容易動怒或者傷心總是對身體百害無一益。身為帝王，保持心境平和當然是十分要緊的事，這是清朝的皇帝在皇子時期就被教育的道理。心境穩定之後再追求養生、養身，如此可保身心康泰無虞！

長壽的飲食秘密

康熙一生共活了六十九年、乾隆活了八十九年，乾隆還登上古代帝王長壽排行榜，原因在於他們都是十分在意養生的皇帝。康熙曾談到養生之道的關鍵在於飲食，他說「人自有生以來，腸胃自各有分別處也。」也就是腸胃好，人才會健康！他也在《庭訓格言》中說道：「凡人飲食之類，當各擇其宜於身者」，要吃，就得吃對身體有所幫助的食物：「每兼菜蔬食之則少病，於身有益，所以農夫身體強壯，至老猶健者，皆此故也。」康熙深諳每日攝取蔬菜的重要，不能總是大口吃肉，要像農夫一樣多吃蔬菜，這樣即使年紀大了，也能夠健健康康。

乾隆老年肖像

康熙還說：「諸樣可食果品，於正當成熟時食之，氣味甘美，亦且宜人。如我為大君，下人各欲進其微誠，故爭進所得出鮮果及菜蔬等類，朕只略嘗而已，未嘗食一次也。必待其成熟之時始食之，此亦養身之要也。」他強調要吃當季既新鮮又健康的食物，且致力於遵循任何食物皆不可多食的飲食之道。

紫禁城中的膳食種類應有盡有，其中不乏珍饈美饌，如《乾隆三十年江南節次膳底檔》記載，在乾隆南巡的一百二十四天裡，每日早膳前都要空腹喝一盞冰糖燉燕窩，從不中斷。燕窩是御膳中的常見料理，從御膳房的紀錄來看，乾隆每次膳食中至少有兩到三道菜和燕窩相關。但是，清宮料理中包含了不少雜糧、應景水果。每年春天，御膳房會以剛發芽的榆樹為食材來製作粗糧點心，如榆錢餑餑、榆錢糕、榆錢餅、榆錢羹，乾隆很喜歡這味，除了自己吃得開心之外，還會賜給后妃、皇子和文武官員。此外，宮中重視搭配時節的飲食，如二月二「龍抬頭」時吃的雜麵煎餅、端午的粽子、中秋的餅、重陽的花糕、臘八的臘八粥等。

由當季蔬菜製作的料理也深得帝王之心，像是黃瓜蘸麵醬、炒鮮豌豆、蒜茄子、酸黃瓜、酸韭菜、煨豆芽、蒸白菜，吃得「粗」對身體好，因此除了細緻美食以外，簡單的粗糧、粗食料理也是皇帝餐桌上的重要角色。

康熙喜食蔬菜水果，他說：「高年人飲食宜輕薄，每兼菜食之則少病，於身有益。」他認為常吃應季節的蔬菜、水果有益於養生，常以五穀雜糧及新鮮蔬菜等素膳為主食，少吃肉類、從不吃過飽。為了投其所好，御膳房自然會端出許多應景的當季粗食。粗原料御膳主食有餑餑、點心、粥、湯等近百種；雜糧做的食品有大麥粥、小米粥、高粱米粥、薏仁米粥、黃米糕、老米麵發糕、老米乾膳、江米麵窩窩、番薯、豆麵卷、芸豆糕、豇豆粥、綠豆粥、黃老米粥等；副食中常見豆腐、豆腐乾、豆皮、蘑菇、木耳、金針、核桃、榛子、松子、山韭菜等，以及豬、羊、鹿、雞、鴨、鵝、魚、蛋和新鮮水果、蔬菜。這些食材都是平和之品，烹調得宜的話，色、香、味俱全，讓人食欲大開。

皇帝的菜單

清朝帝王一日兩膳，菜肴以雞、鴨、魚、豬、羊、鹿、鵝等為主，經過精選細烹後食用，兩餐之間可以先吃點心、小吃。御膳有其固定的模式，皇帝的膳桌

鹿肉是乾隆非常喜愛的滋補食物，圖為〈東海馴鹿圖〉

要有熱鍋、攢盤、熱炒、小菜、餑餑、羹湯，有滿族、漢族菜式和應季食品，此外皇帝還可以「加點」自己喜歡的食物。

我們來看看康熙某日的早餐菜單：「燕窩紅白鴨子八仙熱鍋十品、蔥椒鴨子熱鍋一品、粳米粥一品、炒雞絲燉海帶絲熱鍋一品、豆腐捲一品、羊肉絲一品、清蒸鴨子鹿尾攢盤一品、烱豬肉攢盤一品、銀葵花盒小菜一品、銀碟小菜四品、鹹肉一碟、野雞爪一品。」有燕窩一類的高檔菜餚，也有粳米粥、豆腐捲一類的簡單食物，十分均衡。

再看看乾隆四十四年在避暑山莊的一頓晚膳：「燕窩蓮子扒鴨一品、鴨子火熏蘿蔔燉白菜一品、扁豆大炒肉一品、羊西爾占一品、鮮蘑菇炒雞一品。上傳拌豆腐一品、拌茄泥一品、蒸肥雞燒麅肉攢盤一品、象眼小饅首一品、棗糕老米麵糕一品、甑爾糕一品、螺獅包子一品、純克里額森一品、銀葵花盒小菜一品、銀碟小菜四品、虹豆水騰一品、燕窩鍋燒鴨絲一品、羊肉絲一品、小羊烏叉一盤，共三盤一桌。呈進。」

夏天時乾隆到承德避暑，剛好是當地蔬菜的收穫季節，因此菜單上出現白菜、扁豆、蘿蔔、茄子、蘑菇等應景食物；白菜可以調養脾胃、利腸、利小便、解毒、解酒，扁豆可以清暑健胃，蘿蔔可以補虛潤肺、化痰止渴、醒酒解毒、消積滯，茄子有清熱活血、祛風通絡、消腫止痛，鮮蘑菇有益腸胃、強壯滋補等作用。

乾隆五十四年，四季御膳中的主要內容如下：

二月二十三日早膳：炒雞、大炒肉、燉酸菜熱鍋、鹿筋拆鴨子熱鍋、羊西爾占、蘋果軟燴、蒸肥雞燒麅肉、醋烹豆芽菜、肉絲炒韭菜、象棋眼小饃首、火爆豆腐包子、甑爾糕、梗米乾膳、豆腐八仙湯、銀碟小菜、銀葵花盒小菜……

五月八日早膳：掛爐鴨子、掛爐肉、野意熱鍋、山藥鴨羹熱鍋、拌老虎菜、拌涼粉、菜花頭酒燉鴨子、小蝦米炒菠菜、糖拌藕、江米藕、香草蘑菇燉豆腐、燴銀絲、豆爾首小饃首、倭瓜羊肉餡包子、黃炯雞燉虹豆角、鴨羹、雞湯餛飩、綠豆水膳……

九月二十一日早膳：燕窩酒燉鴨子熱鍋、燕窩蔥椒鴨子熱鍋、燕窩鍋燒鴨子鹹肉絲攢盤、水筍絲炒肉絲、韭菜炒小蝦米、江米肉丁瓤鴨子、螺獅包子、雞肉餡餃子、萬年青酒燉櫻桃肉、四水膳、蘿蔔湯、雞肉餡燙麵餃……

十二月十三日晚膳：燕窩松子雞熱鍋、肥雞火爆白菜、羊肚絲羊肉絲熱鍋、口蘑肥雞熱鍋、口蘑鹽煎肉、糊豬肉、清蒸鴨子鹿尾、竹節卷小饃首、匙子紅糕、螺螄包子、雞肉餡燙麵餃、鹹肉、老米乾膳、山藥野雞羹、燕窩攢絲脊髓湯……

從二月到十二月的菜單，御膳講究酸、甜、苦、辣、鹹的五味調和，又因四時之故，在冬末春初的菜肴中設兩個火鍋；春季有酸性的酸白菜、蘋果、醋烹綠豆菜等菜肴，少有辛辣、油膩食品；五月初夏到來，因暑熱容易心火過旺，可吃些拌涼粉、糖拌藕、江米藕、綠豆粥等清涼食品以緩解心火；在天氣漸涼的秋天，添加了韭菜的炒小蝦米、蘿蔔湯、萬年青酒燉櫻桃肉等含辛辣食品，幫助體內排除濕氣；到了氣候乾燥寒冷的冬天則適宜進補，御膳中便出現羊肚羊肉絲熱鍋、清蒸鴨子、鹿尾等溫熱的菜肴。講究「補」也得平衡，因此有滋陰的燕窩松子雞熱鍋、清蒸鴨子鹿尾等食物上桌。

乾隆四十三年七月至九月巡盛京，一大票人才進山海關，盛京將軍就火速將剛剛捕獲的野鹿進獻給皇上。乾隆問：「今日進的鹿是肥是瘦呢？」廚役回答：「瘦肉。」乾隆隨後下旨：「晚膳叫雙林（廚役名）做埸思哈密鹿肉，其餘伺候賞用。」鹿肉是乾隆非常喜愛的滋補食物，但是進補時必須謹慎，若吃得不恰當，可是會對身體有所損傷。

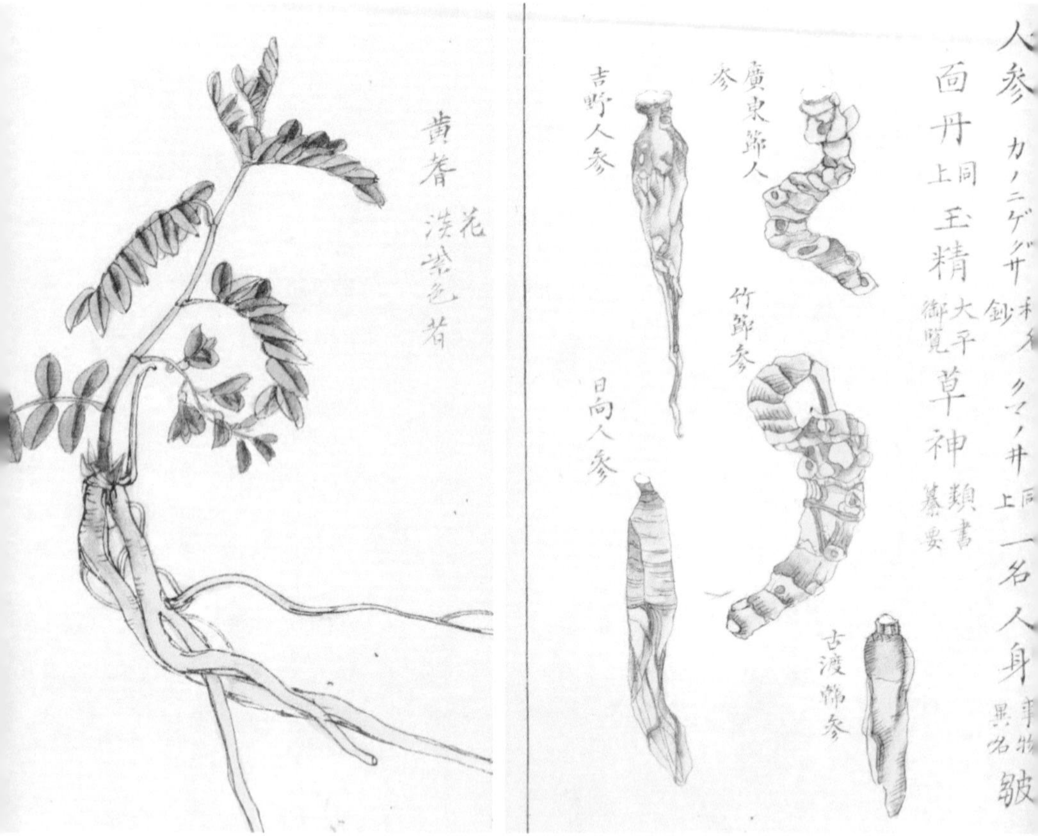

《本草圖滙》中的黃耆與人參

用完御膳後，送上應季瓜果，初夏吃桑葚、白杏、枇杷果，仲夏吃西瓜、櫻桃、荔枝、水蜜桃，初秋吃葡萄、山萘子，冬季吃橘子、蘋果。到了夏天，暑熱難擋之時，「水果冰碗」就登場了！乾隆還曾寫下描繪在夏日吃水果的詩句：「蟬噪宮槐日未斜，液池風靜白荷花。滿堆冰果難消暑，勸進金盤哈密瓜。」果真是懂得吃、懂得享受美味的老饕皇帝！

從乾隆菜單中，我們可以得知他懂得順應四時，吃到最新鮮、最有營養價值、最有當季特色的食物！吃得好、吃得巧、吃得應景正是他抱持的飲食態度。

喝出好生活

注重養生的康熙曾說：「人之養身，飲食為要，故所用之水最切。」他十分懂得多喝水、喝好水的重要，最愛喝的是北京西山玉泉山的泉水，平日飲茶時，沏茶的也是玉泉山的泉水。

康熙自幼不喜歡飲酒，更不會酗酒，他認為酒不僅對人無益，而且會亂人心志或導致疾病。但是晚年時他遇到了西方傳入的葡萄酒，便成為紅酒愛好者的一員。葡萄酒魅力無窮，竟然讓一向只喝最佳好水、不喜喝酒的康熙轉了性！他還說：「西洋上品葡萄酒，乃大補之物，高年飲此，如嬰兒服人乳之力。」在他高齡時喝葡萄酒就好像小嬰兒喝母奶一樣，是非常健康的事。

代茶飲

清朝的醫藥檔案資料中，有大量運用「代茶飲法」治病和調理身體的記載。代茶飲是將中藥煎湯或用開水沏，類似我們現代人喝的枸杞茶、蜂蜜菊花茶。

代茶飲有許多種，主要依據飲用者的身體狀況，由太醫開出單子後交於宮人，定期至太醫院拿藥材回宮中沏茶。常見的代茶飲有「補益類代茶飲」，好比人參、黃芪等補氣茶飲，或兼以健脾和胃、養陰生津之品；「保元代茶飲」為人參、制黃芪、炙甘草，道光皇帝的全貴妃曾用此方；若想生津益氣，可以喝由人參、鮮石斛、麥冬、鮮青果、老米製成的代茶飲，這是從康熙到慈禧都愛喝的飲品；乾隆二十二年二月，定貴人「痰涎上壅，氣閉作抽」，御醫擬清熱代茶飲：

蔞仁、麥冬（朱砂拌）、竹茹，此方有清熱化痰養陰之效。

后妃常喝有滋陰效果的代茶飲，所謂滋陰又分滋腎陰、養胃陰、補肝陰、養心陰、補肺陰，常用藥如生地、玄參、麥冬、天冬、沙參、白芍等。如「參苓代茶飲」用了沙參、塊苓、天冬，乾隆的定貴人曾用此方，有養陰兼扶脾之效。根據醫案記載，當時「定貴人脈息沉緩無力，原係肝陰不足之症，惟病後氣血衰微，因循日久以致脾土虛敗，胃氣日漸消耗，恐成虛脫之症」，而用此方。

若想調理脾胃，常用藥有茯苓、白朮、陳皮、半夏、三仙、穀芽、砂仁等。嘉慶的華妃曾用代茶飲：陳皮、麥冬、半夏曲，它有和胃益陰之效；「二神代茶飲」：茯神、神曲，這服代茶飲是嘉慶的玉貴人病後調理方之一，有健脾安神、消食和胃之效；若心情不寧、睡不安穩的話，太醫則會開出安神的方子，每日飲用安神類代茶飲幫助凝神靜氣。乾隆朝的醫案中就記載了當時的朝廷命婦用棗仁、燈心或棗仁、麥芽水煎代茶，以收安神之效；同治皇帝患天花時曾用安神代茶飲：茯神、炒棗仁、朱砂（沖）；慈禧太后臨終前用安神代茶飲，它有麥冬、棗仁、茯神等藥材，以補心陰、安心神。

除了后妃之外，生活在宮中的皇子們也是從小喝到大。嘉慶的三阿哥曾用代茶飲方：焦山楂、焦麥芽、焦神曲、益元散，此方為焦三仙加味，重在消導兼能清熱利濕，為病後調理方；或是由焦曲、穀芽、茯苓、南楂組成的「保元代茶飲」，嘉慶朝醫案記載：「五阿哥喜痘八朝，漿滿充足，頭面周身，似有結痂之象，飲食如常，今議用保元代茶飲調理。」醫案還記錄了不滿週歲的五阿哥「外受寒涼」、「以致微熱鼻有清涕」，可用「解表類代茶飲」：蘇葉、防風、葛根、桔梗、枳殼、荊芥、前胡、廣皮、甘草，薑、燈心為引，幫助疏風解表，發散風寒以治療感冒。五阿哥身體不好，所以時常生病，醫案記載他「脈息浮數，係肺胃痰熱，微受風涼，以致咳嗽有熱，頭項微熱，今用橘蘇代茶飲」。平日少量服用止嗽類代茶飲可舒緩咳嗽的不適，其藥物組成為：蘇梗、橘紅、杏仁、桔梗、半夏、桑皮、枳殼、前胡、赤苓、葛根、浙貝母、防風，引用生薑。

代茶飲在宮中受到重視，主要原因不外乎十分方便，且這類「茶中藥」性多平和、味多甘淡，少量飲用有利於防治慢性病或調節生理機能，長期服用也沒有關係。

喝酒也能養生

清宮中流行喝「養生酒」，但它不是以治病為目的，而是以固本養元、補氣補血，達到延年益壽的目的。

根據中醫理論配製的養生酒可益氣養血，氣行瘀血散，瘀散血脈暢通，調補陰陽五行，五行調和後身體自然恢復健康功能，還能收到排毒效果，無毒一身輕。

普通的中藥材，有時所發揮的療效並不亞於名貴的中藥，乾隆就是明白箇中道理的養生酒愛好者。據《乾隆醫案》記載，乾隆最愛喝的養生藥酒為龜齡酒和松齡太平春酒，前者可祛病、壯陽補腎、養氣、健身；後者則是活血行氣、健脾安神的良藥。這兩種藥酒所含的幾十種中藥成分中都少不了熟地和當歸。熟地性甘、微溫，可養陰補腎、填精，主治血虛所致面色萎黃、頭昏心悸，腎精不足之腰膝酸軟、頭暈目眩、鬚髮早白，肝陰不足之雙目乾澀、視物昏花；當歸，藥用其根，功在補血、和血，主治血虛眩暈、瘡瘍腫等症狀。熟地和當歸結合使用可收其療效，一是通過補血達到滋陰目的、二是當歸具有良好的活血功能，兩者都不是名貴的藥材，只要運用得宜都能收到很好的療效。

中醫認為陰血同源，因此養血、滋陰應同步進行，平日飲用可保持身體康泰。補腎可以滋先天、補脾可以壯後天，腎氣強盛、脾胃和諧、氣血活絡，身體自然強壯。

乾隆果然是養生達人，懂喝！

第七章

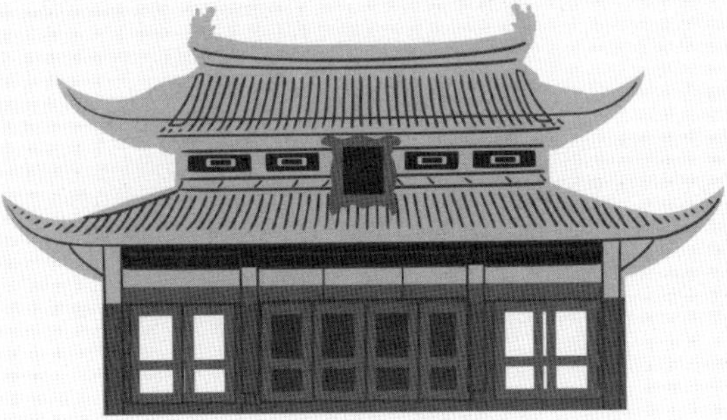

皇帝
去哪兒

木蘭秋獮

木蘭秋獮是清朝皇家在秋季時舉辦的大型狩獵活動。滿語的「木蘭」即漢語「哨鹿」，也就是捕鹿的意思。滿人的哨鹿可上溯至遼代的古老狩獵形式，他們的祖先女真人曾用此法將獵獲的野獸獻給契丹人，以求家族太平。入關前的努爾哈赤、皇太極和入關後的順治各朝，在出獵傳統基礎上逐漸發展出了「木蘭秋獮」這項國家大典，成為皇家的習俗，藉以強調不忘先祖開國艱辛、維持戰力的重要性，並且努力維護邊境的和諧。

秋季皇家賽事

「木蘭秋獮」於每年的秋季間進行，又稱秋獮，亦稱「秋獮之禮」（古稱春

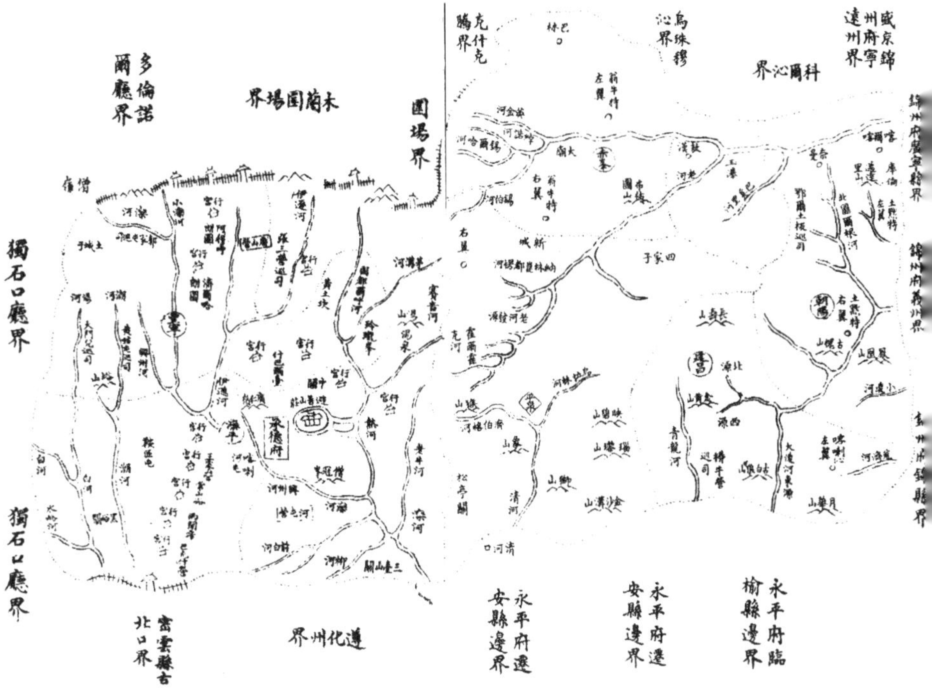

《大清一統志・卷四十二・承德府一》中承德府地圖，
木蘭圍場位於左上方。

天打獵為搜，夏天打獵為苗，冬天打獵為狩）。清朝皇帝每年秋天都會到距離北京東北一千餘里、承德以北約四百里的木蘭圍場巡視習武、行圍狩獵，猶如一場大型的秋季運動會。

木蘭圍場的範圍有多大呢？以現在的地理位置來說是在河北省承德市、內蒙古自治區交界處，約有一萬多平方公里。圍場以周長約一千三百公里的「柳條邊」圈起為界，其東西南北均在一百公里以上，形成一片幅員廣闊的皇家禁區。

自康熙二十二年起，皇帝每年都會離京到避暑山莊巡幸，再到木蘭行圍，只有康熙二十一年和三十五年，因前往東北謁陵及追擊噶爾丹未能成行。乾隆即位後，自乾隆六年起隔年舉行一次木蘭秋獮，十六年以後改為一年一次，直到他逝世為止。

康熙、乾隆、嘉慶統治的一百三十四年間，皇帝們共到木蘭圍場行圍一百零五次，每次入圍大約在農曆八、九月間，行圍時間三個月起跳。從北京出發到木蘭圍場的路途間先後修建了三十一座行宮，途經昌平縣、順義縣、懷柔縣、密雲縣、灤平縣、承德縣、隆化縣，直至圍場縣。康熙四十二年，在承德建行宮，四十七年後建成；乾隆朝時進行了大規模的修繕和擴展，成為名聞遐邇的避暑山莊和熱河行宮。承德的避暑山莊從此成為首都的行政副中心，以及清朝皇帝每年必訪之地。

演習視同作戰的懷柔大會

康熙為使逐漸染上漢習而怠惰自安的八旗官兵不忘滿洲舊俗，同時也為了改善清軍在平定三藩中戰鬥力大不如昔的狀況，率官員親自場勘，最後決定以蒙古喀喇沁、敖漢、翁牛特諸旗敬獻的牧場為基礎，劃出木蘭圍場的界地，內設七十二個小圍場，並按八旗制度管理，想要藉此培養皇室成員與八旗的尚武精神、提升他們驍勇善戰的戰鬥力。

在持續多月的秋獮過程中，上至皇帝、下至士兵都要面對不同於北京的自然環境。木蘭圍場中既有峰巒、沙丘也有林木河川，不僅天氣時晴時雨，還要提防野獸的攻擊，在此進行狩獵活動是非常適合的。每年的木蘭秋獮實際上是一次規模龐大的軍事行動，也是皇帝檢驗皇子、八旗子弟體能、戰力，以及鍛鍊士兵作戰實力的最佳時機。

可別以為木蘭秋獮只是皇帝跑去打獵那麼單純！

為了加強邊疆的統治與蒙古諸部的溝通與團結，皇帝會趁著秋獮時邀請蒙古貴族到木蘭圍場一同打獵並參加晚會，狩獵中大有所獲者，會得到皇帝賞賜的禮物，更甚者則賜花翎、爵位。表面上賓主盡歡，實際上傳達了「我強彼弱」、「我高彼低」的情勢。

滿蒙有其共同默契即「騎射」，清朝帝王以秋獮時的軍事力量讓蒙古諸部折服，又在營火晚會中拉近與他們的感情，得以剛柔並濟地鞏固滿蒙之間的關係。換句話說，木蘭秋獮形成一道隱形的長城，維繫了邊境安寧與兩國的長治久安，包括政治、軍事、民族的平衡關係。

當蒙古諸部前來參加秋獮時，會以進貢的方式向大清皇帝獻上各種禮物，皇帝也回贈靴子、弓矢、佩刀、鞍轡、緞帛、荷包等物，間接帶來了不少商機。每年秋獮期間，兩國允許商販隨著大軍行走，軍隊紮營之後，商販就地組成臨時的滿蒙買賣街，出售各種商品。這種臨時的買賣市集既是軍需集散地又不需要收稅，往來貿易相當活絡自由，成交額也十分可觀，讓小販忍不住笑呵呵！

從《清實錄》記載可知，康熙共舉行了四十三次秋獮，從啟鑾到回到京師，途中也計算在內的話，共花了三千八百八十天；乾隆有四十八次木蘭秋獮，共花

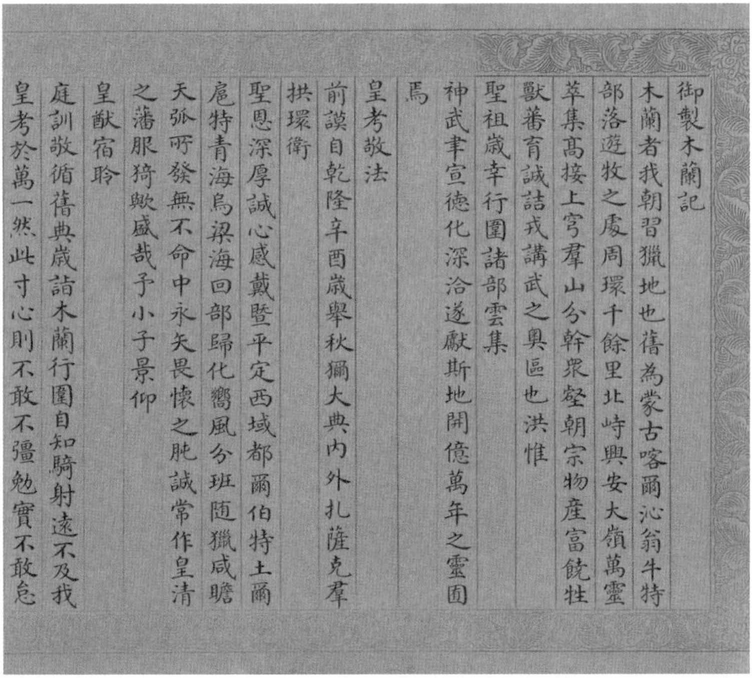
御製木蘭記
木蘭者我朝習獵地也舊為蒙古喀爾沁翁牛特
部落遊牧之處周環千餘里北峙興安大嶺萬靈
萃集高接上穹羣山分幹衆壑朝宗物產富饒牲
獸蕃育誠詰戎講武之奧區也洪惟
聖祖歲幸行圍諸部雲集
神武聿宣德化深洽遂獻斯地開億萬年之靈囿
焉
皇考敬法
前謨自乾隆辛酉歲舉秋獮大典內外扎薩克羣
拱環衛
聖恩深厚誠心感戴暨平定西域都爾伯特土爾
扈特青海烏梁海回部歸化嚮風分班隨獵咸瞻
天弧所發無不命中永矢畏懷之忱誠常作皇清
之藩服猗歟盛哉予小子景仰
皇猷宿聆
庭訓敬循舊典歲詣木蘭行圍自知騎射遠不及我
皇考於萬一然此寸心則不敢不彊勉實不敢怠

清 戴衢亨〈乾隆木蘭記〉

了四千五百六十八天；嘉慶則舉行十四次木蘭秋獮，共花了一千一百七十九天。

康雍乾盛世期間，唯有雍正不曾實施木蘭秋獮，原因是「沒時間！」雍正即位以後，執政十三年間廢寢忘食地辦公，從未有過什麼假期，更不用說花上幾個多月的時間跑去打獵和辦營火晚會。十三年來，他不是在賺錢就是在省錢，也正因為他的勤政為國，乾隆才有充盈的國庫收入，可以在木蘭圍場中飼養大量野獸，以供射獵、訓練大批士兵。

乾隆四十七年九月初八日，乾隆覺得有必要告訴天下，自己之所以巡幸木蘭的原因：「皇考十三年之間雖未舉行此典，常面諭曰『予不往避暑山莊及木蘭行圍者，蓋因日不暇給，而性好逸惡殺生，是予之過，後世子孫當尊皇考所行，習武木蘭，毋忘家法』予與和親王及爾時軍機大臣實共聞之，而今皆無其人矣，予如不言，後更無知皇考聖意者。」意思就是，「我爸爸說，當皇帝的十三年間實在太忙了，導致沒時間打獵，加上他的個性就是喜歡清閒，不喜歡殺生，所以他才不到木蘭圍場狩獵、習武。可是，爸爸又告訴我們，木蘭秋獮是祖宗規矩，斷不可廢喔！我身為孝順的兒子，怎可忘記爸爸的交代，所以偶爾去趟木蘭是因為不忘本啊！」此外他還強調「朕之降旨行圍，所以遵循祖制，整飭戎兵，懷柔屬國，非馳騁畋獵之謂」，這番言論道出了秋獮的真正目的：懷柔治理邊境。

至於嘉慶，他對秋獮的興趣不像他老爸那樣濃厚，在登基之初就一再拖延木蘭秋獮，一方面是因為忙著平定白蓮教起義、另一方面是節約，因為秋獮的開銷實在太大，朝廷吃不消啊！但這樣的情況很快就出現了轉變，清朝國祚日久後，八旗子弟愈發怠惰，他們不習武、不練身體，而是在家聽歌彈琴奏樂，穿上有著精美刺繡的衣服、騎著胖胖的馬匹到處飲酒作樂。嘉慶深感這樣的形象真是太差勁了，得加強練習作戰能力和鍛鍊體能，旨在掃除八旗糜爛之風氣，這和當年康熙決定秋獮的心意如出一轍。

木蘭秋獮的餘暉

康雍乾時期，經濟穩定、人口劇增，不少直隸、山東一帶的人民無地可開墾，遂成了流民，跑去圍場墾荒種地和偷捕野獸。康熙朝時，圍場的守備官兵約一百一十人，到了嘉慶朝竟高達千人。儘管朝廷一罰再罰，也擋不住流民四竄、你追我跑的情形。事實上，嘉慶第一次木蘭秋獮就已發現麋鹿越來越少了，這是一項警訊，表示「國家沒錢了」！

道光以後，國勢江河日下，國庫空空蕩蕩，清廷已無力負擔木蘭秋獮的各項開支，遂不再舉行秋獮。同治時乾脆開放圍場墾殖，光緒三年時設立同知衙門，百年來做為皇家獵苑的木蘭圍場，從此退出了歷史的舞臺。

康熙江南團

康熙很清楚，早在平定三藩期間，滿、蒙、漢八旗的軍事實力就已經顯出戰力不足的現象。為此，康熙建立了狩獵的制度並開始規劃出巡。狩獵是為了維持八旗戰力，出巡則是讓天下人親眼看見大清盛世的輝煌，並臣服其下。

康熙規定，南巡期間除了必須沿運河前往的行程外，上至皇帝下至文武官員都不能坐轎乘車，一律騎馬，而南巡的最遠距離是從北京到麗江。皇帝本人騎馬之舉措，顯然在告誡八旗子弟不可忘本，大清從馬上得來天下不易，八旗子弟的豪情壯志不能消滅。他每一次南巡都致力於籠絡人心、修築水利；說到底，他的想法很簡單，就是要讓全天下百姓死心塌地跟隨自己。

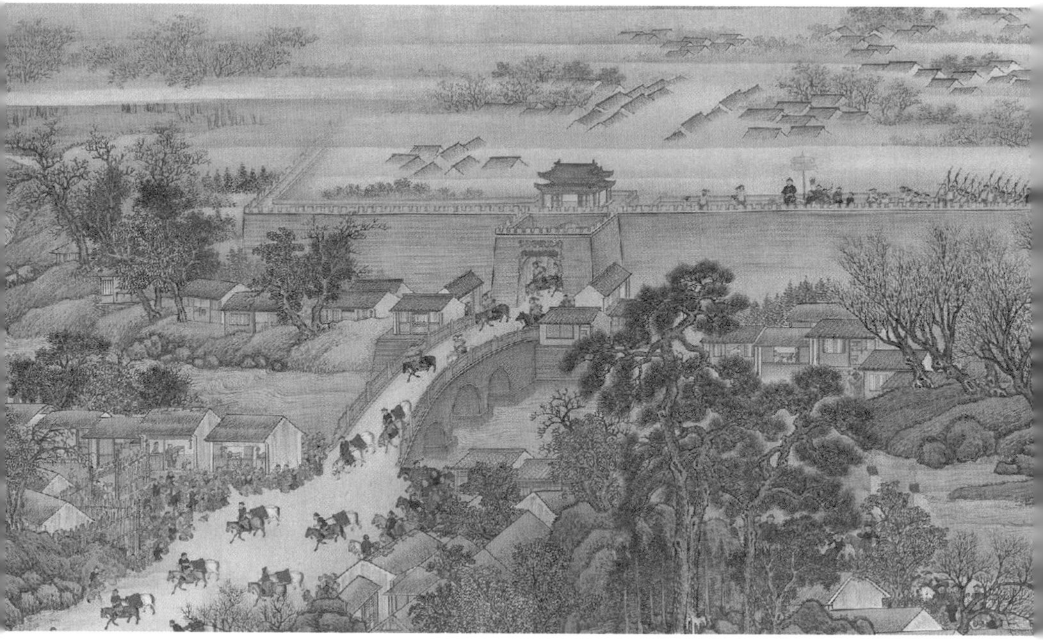

〈康熙南巡圖卷〉第三卷節錄

抓住人心之旅

康熙一生的出巡經驗十分豐富，包括三次東巡、六次南巡。

康熙二十三年，康熙展開了第一次南巡之旅，此行前往江南有明顯的政治目的。雖說江南為清廷提供了占全國將近百分之七十的財力和人力，卻也是最常發生亂事的地方。儘管當時的清朝已經統一天下多年，國勢越來越安穩，但在江南地區除了偶有民變以外，許多知識分子也在文章或戲劇作品中寄託了家國之感、亡國之痛，這無非是身為統治者心中的擔憂。南明、鄭氏家族、天地會、朱三太子都出現在江南，倘若民心思變，後果將不堪設想。這是康熙不得不處理的現實問題。

康熙十二年發生三藩之亂，江南一帶多有回應。因此安撫當地士庶、加強不同文化間的融合，以懷柔方法拉攏當地仕紳是當務之急。經由南巡，他可以深入瞭解南方的政治、經濟、文化和民心。

早在康熙二年，清廷就在江南設立了江寧織造供給宮廷所需，第一任江寧織造是《紅樓夢》作者曹雪芹的曾祖父曹璽。康熙二十三年六月，曹璽因病去世，而曹璽任江寧織造的二十多年間，他致力於拉攏江南仕紳，又因曹家素有名望之故，當地文人多能在清朝統治下安然度日，不多做他想。但是曹璽去世之後，年僅二十多歲的曹寅接替了父親的江寧織造一職，是否能勝任呢？康熙認為若能親身造訪當地，勢必能獲得更多資訊。

康熙二十三年九月，康熙江南團從北京城出發，十月五日前後進入山東境內，登泰山並行封禪之禮，向上天、列祖列宗、天下人民宣示國家富庶安定。封禪後，康熙未在泰山久留，一行人很快離開山東並沿著運河一路南下，經由江蘇的徐州、清江、淮安、揚州，到達江寧。雖然行色匆匆並未在各地多做停留，但康熙仍命人沿途記錄各地江河治理與水利建設的情況，這些紀錄為他後來治理水患和實施水利工程提供了豐富的資源。

第一次南巡到達南京時，康熙親謁明太祖陵墓，甚至行了三跪九叩的大禮。這一謁，不知道拉攏了多少百姓的心！也因此傳出「父老從觀者數萬人皆感泣」的消息，此舉還被稱為古今未有之盛舉，康熙治理天下的積極和用心，備受肯定。此外，康熙還拜見了曹寅的母親，她是康熙幼時的乳娘，康熙所行之禮乃是子母之禮，可以看出他重視曹家的程度以及曹家在江南的影響力。而皇帝向奶娘行「子

康熙南巡時當地盛況

母之禮」一事，讓重視儒學的江南文人們頓時在心中替皇帝的印象加分不少。

這次南巡最後到達蘇州再折返江寧，十一月初從江寧回京。此次出巡，康熙掌握了南方文化特色、政治環境、水利設施，以及人心！

報告，有人攔駕

康熙二十八年正月初八，康熙第二次南巡。

由於第一次南巡途中，所經之地的官員為了迎接皇上到來，花費不少人力、物力來整修市容、採買康熙江南團抵達後所需的用品。康熙得知後深感不妥，畢竟他的目的是體察民情、瞭解當地政務而非擾民，因此便事先備齊了沿途所需的各項物資，又因為這次仍然沿運河南巡，他也下詔所經各地不需整修道路。

康熙日夜懸念的國家大事不少，其中一項即是河道治理。由於黃河下游河道失修，水患肆虐，水利建設因戰亂而殘破不堪，這次出團的重頭戲便是完成整頓水利建設的前導工作，也就是收集更詳細的地理資料、各地水利建設和水災氾濫的詳情。既然要治水，那麼祭祀大禹便是頭條大事！康熙江南團沿運河到達杭州紹興，他親自祭拜留下治水功績的大禹後才返回京城，一共歷時七十天。從祭祀大禹到整理各地水利資訊，可見康熙想要將大清帝國從水患中抽身的努力。

錢泳《履園叢話》提到江南團抵達蘇州的第二天就遇到了當地士民攔駕，「出至二山門，有蘇州士民劉廷棟、松江士民張三才等伏地進疏，請減蘇、松浮糧。上命侍衛收進，諭九卿科道會議。」縱然攔下天子之駕乃是死罪，但康熙期待他的親民之心能夠體現在百姓言行上，因此未對勇於提出建言的人加以責罰，而是滿心寬慰地採納其減免納糧的建議。回程，他從浙江返途中再次經過蘇州時，當地士民熱情地獻給康熙不少土產以表達感激之情。《履園叢話》記載：「合郡士庶進萬民宴，上頷之，命近侍取米一撮，曰：『願百姓有飯吃。』士民復請，上又取福橘一枚擲下，曰：『願爾等有福也。』」康熙向百姓們點點頭，從土產中取了一把米和一枚福橘，期盼清朝的子民們都有飯可吃、有福氣可享。

從這段小插曲中可以看到，此次南巡中所經道路並未事先清場，也沒有嚴謹的護衛跟隨，所以當地人民才得以攔駕進疏。康熙是如此親民，百姓都知道他是一位值得信賴的帝王，千古一帝的氣度，可見一斑。

康熙治水

康熙三十八年，第三次南巡。

距離第二次南巡已過了十年，康熙統治的大清帝國物阜民豐、國力強盛。

康熙曾明確說明這次南巡的目的，便是親自到各地勘察河道的治理情況並且勸課農桑。在國家財力充分的情況之下，康熙之前的準備終於派上用場了！

康熙根據前兩次南巡途中親自收集的資料，以及數年來各地官員所呈報的水文、水患等具體情況，總結出治理河道、修築堤壩的成敗經驗：「上游既理，則下游自治」，確切指出治理河道應以上游為主，於是在南巡途中規劃出幾項重要的河道治理措施。一項項水利措施落實後，證明康熙的決策不僅符合當地需求，也解決了大量的水患問題。之後的十幾年，康熙又徹查、彙整全國的河道問題，並且全面改良了清朝入關以來的水患問題和河道屢治屢壞的情況。

值得關注的是，康熙下達治水政策之後，必須依靠在地政府與百姓的配合，各項水利措施和建設才能有效率地實踐，這需要極大的向心力。不得不說康熙數十年來對江南的苦心經營，確實收到了顯著的成效。

康熙在南巡途中不忘觀察在地官吏的治績，同時留心人才，為百姓拔擢好官，此舉十分令人稱道。在他第三次南巡途中，各地治河工程照例需要在秋汛後開工、天氣轉涼後完工，以確保河川整治效率以及民工安全，但該年施工單位因故拖延工期，直至冬季轉涼後仍在趕工，導致許多民工涉水受寒而重病。管事楊䄻得知後下令延緩工程進度，直至天氣漸暖時再開工。同時，他為了讓巡察民工工作狀況的官員理解延後工程的主因，把不同意延後進度的官員和他們的馬匹拉進寒冷的水中，親自體驗受凍之苦。此事一出，楊䄻為官敦厚且善待百姓的名聲就此傳開，甚至傳到了正逢第三次南巡的康熙耳中。彼時楊䄻正要被調任宛平，當地百姓攔駕請求留任，康熙便下令楊䄻食知州俸仍留任固安縣令，為在地人民留下了一位德行兼備的好官員。

康熙江南團從浙江返回無錫後，原本是想暢遊一回太湖的洞庭山，但康熙才出發不久就遇到沿湖居民攔投狀，哭訴沿湖一帶，每年水災淹沒農地，讓農民沒有收成以外還要繳納租稅，生活苦不堪言。康熙旋即下令先暫停農民納糧、納稅一事，同時找來當地官員徹查農田水利和稅收情況，再次下令重新設置一套農收不足時的納稅方法，藉以保障當地百姓的生活。

康熙南巡至無錫時的當地情景

從楊謐事件到無錫農民，康熙又被攔駕了！

此次南巡，康熙駐蹕江寧織造並再次拜見曹寅之母，並說道：「此吾家老人也」，在曹家留下了「萱瑞堂」的匾額。這塊匾額在當地引起了轟動，一位念舊情、重禮教的皇帝，要大家如何不發自內心的尊重他呢？

康熙到達蘇州的時候，所見景象和前幾次南巡已大不相同。當地士庶皆想一睹帝王風采，康熙的出現風靡了萬千百姓，現場人潮過於擁擠，因而踩壞了不少莊稼。康熙急忙命在地官員清出隔開農地的道路以保護農作物，這一舉動又再次擄獲當地百姓的心，他們心想：「真是一位愛護農民、愛護民生的好皇帝啊！」

康熙勵精圖治數十年後，終於扭轉乾坤，江南已非首次出巡時之江南，而是越來越強盛、人民所擁戴之帝王的江南。

成果驗收之旅

康熙四十二年正月十五，康熙以大運河疏浚即將完工為由展開第四次南巡。沿著前幾次的南巡路線，巡查河道、抵達泰山後再次封禪，向上天、列祖列宗、天下人民宣告這數十年來的治水成果。封禪後，康熙下令免除其南巡途中所經之地的欠收賦稅，令百姓連聲叫好。

二月初二，南巡團進入江蘇。康熙在此親閱河工、舉辦同歡晚會以犒勞民工的辛勞；初四他到達桃源後繼續巡閱河道，一路審視到揚州、鎮江；初九，他渡江至金山再南下；十一日到達蘇州時派人祭奠已故大學士宋德宜，展現重視漢臣的態度；十五日到達杭州時檢閱軍隊、觀看圍場射獵後北返，再次到達江寧拜見曹寅之母，此次在曹家停留時日不長，接著他又匆匆前往高家堰、翟家壩等處慰勞河工。

康熙這次南巡目的是要一路視察水利建設成果並且慰勞民工，因此所經路途都是圍繞著河道整治之地。為了除去各地水患，他一年一年地收集各地水利資訊，南巡時祭祀大禹，有足夠財力後在全國大展身手地興修水利工程，三十多年後，終於得以正式驗收成果！

康熙四十四年，第五次南巡。河道疏浚工程已經完工兩年有餘，康熙認為應足以看見些許成效，因此他要親自觀察工程實施後的具體成果，於是展開第六次南巡。

二月初九，從北京城出發，沿途查驗河道、水利建設的成果好壞；二月十八日，在到達靜海時派遣官員前往祭奠已故侍郎勵杜納並諡號「文恪」，勉勵杜納的後人對康熙、對大清效忠。這一年恰逢山東遇到災荒，因此康熙到達山東之後首先截留漕運以賑濟百姓，此舉又再一次收穫眾人的感恩之心！

經由臨清、東昌、濟寧、嶧縣等地，康熙一行人三月初八渡黃河，在清江浦等地親自查驗附近堤岸，見到當地黃河水流平穩，心中甚感安慰。十七日到達蘇州，康熙鼓勵江南等地文人、舉人、監生、貢生等前往京城修書。同樣是「以漢治漢」的方式，他的心境和初入關時大不相同，不再戰戰兢兢而是增添了幾分從容寬慰。

此次南巡，康熙賦詩不少，詩作內容也顯而易見他對治河工程的滿意。但是康熙的喜悅並未持續太久，當年七月雨季時，黃河暴漲沖毀多處堤壩，各地再次陷入水災之苦當中。康熙雖下令採取應對措施，仍擔心南段河道也可能出現問題，於是決定親自南行查驗。

康熙四十六年正月，他啟程南行，會同各地官員再次詳查河道工程，確定各項新的水利建設方案，一直到四月二十二日才返回京城。此次南巡後，康熙每年派人前往各地視察，以及不間斷地修補水利建設。

〈康熙南巡圖卷〉第七卷節錄

康熙一生中共有六次南巡的經歷，每一次出團的停留時間、路線都不同。但是他在南巡過程中從未停止過思考百姓的生計，因此連年整建、興修堤壩、疏通河道、加強農田水利建設，讓清朝的廣大農民和百姓都得以安居樂業。雖說康熙以後的帝王們仍然為了水患頭痛不已，但是康熙早已替他們解決了大部分的問題，從人心到實際建設，為清朝盛世打下了完美的基礎。

康熙展開南巡後，全國之力都由八旗武將所支配調動，收到了削弱文官力量的效果，而這些文官多為漢臣，而當皇帝給予漢臣功勳或加以表揚時，漢臣的價值自然會被看見。康熙給某個家族賜個匾額、給某位文官題首詩，都會成為他們的子孫光宗耀祖的宣傳。當康熙如此貼近百姓、傾聽百姓心聲，百姓想著：「我親眼見到皇上耶！」、「皇上聽我攔駕申訴，他真是好皇帝啊！」也是最簡單的收服人心方式。康熙的六次南巡，不浪費錢財在整修御船、不花人力在駐蹕之所，將省下的錢留給國家建設。從各種角度來看，他的作為都有效地奠定了清朝在江南乃至全國安定與和平的基礎。

乾隆江南團

乾隆的南巡次數和康熙一樣，但他的江南團比康熙熱鬧得多，原因不外乎國家正處於安定太平、經濟發達的繁榮狀態，以及乾隆喜歡熱鬧新奇的個性。乾隆在國勢鼎盛的狀態下到達江南，不管在食衣住行各方面都比康熙團還要完備、講究，也更多樣化。

在諸多影劇作品中的乾隆都有著愛好玩樂的鮮明個性，南巡時也不忘尋歡享樂，但這終究是為了戲劇效果，要是乾隆不瘋狂吃喝玩樂、不談幾場花心戀愛，要怎麼吸引電視機前的觀眾呢？若要說乾隆在江南時一點娛樂都沒有似乎說不過去，但是我們更應明白他南巡背後的真正意義。

康熙以後，滿漢之間的衝突漸漸消去，雖然偶有漢人叛變之事也多能盡快弭平。滿人入關多年後，在生活上慢慢跟隨漢人的腳步，因此乾隆內心對「漢化明顯」一事有明顯的擔憂。他憂慮滿人文化將會一點一滴地被歲月抹去，因此遠比

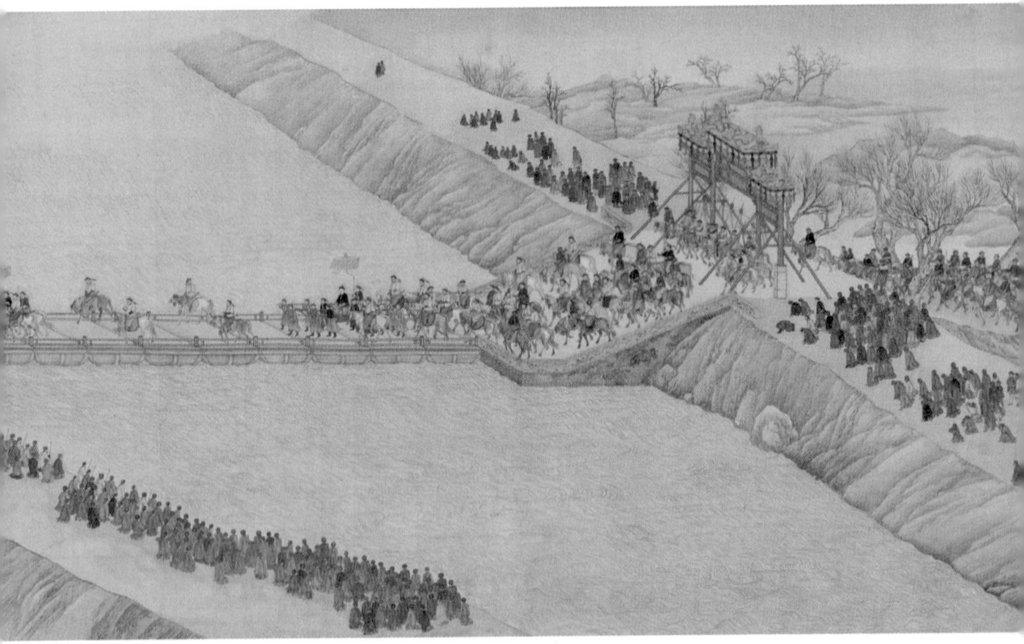

〈乾隆南巡圖卷〉第二卷節錄

康熙更在意滿漢問題，好比他曾多次下令滿人必須懂滿洲語和文字，與他對話時說流利的滿洲話；要是滿洲話說得不夠熟練不打緊，若說漢語將會受罰。然而，乾隆自己卻是一個深受漢文化吸引並且瞭解甚深的皇帝，如何在滿漢之間求得平衡，便成為他畢生的功課。

乾隆希望八旗子弟能夠牢牢記住自己的語言、生活方式，因此前往江南途中，曾命人在駐蹕之處搭設帳篷居住，這是他身為帝王守護傳統文化的表現。

對乾隆來說，逐漸被削弱的滿洲文化必須在他手中再次發揚光大，八旗的軍事力量和武力也不容忽視。因此，他每一次的出巡都被設計成大規模軍事演練，動輒上萬人帶著武器、作戰必需品一起出發。大家想想，這要耗費多少人力和財力呢？以他的第四次南巡為例，總共出動了兩萬匹戰馬、一點八萬輛馬車、三千頭駱駝、兩千頭騾子，還有四千名文武百官及隨從、數千頂帳篷和各種軍事器材，比他發動清緬戰爭所動員的資源還要多。

如果像電視和電影上所演出的情節那樣，乾隆只是為了一睹南方佳人風采或者到大明湖畔和夏雨荷談戀愛，再上演一齣女兒認親爹的大戲，實在無須如此興師動眾、大費周章。當我們從這位皇帝的內心世界出發，就會知道南巡是一件嚴肅的大事。乾隆的出巡，其規劃之嚴謹，遠勝康熙；所攜帶的物資比出征作戰所需還多，率領南巡隊伍者往往是清朝的高級將領、一等侍衛，都是最貼近自己、和自己最為親近的官員。

蓋章boy到江南

晚年的乾隆曾自述帝王生涯中有兩件大事：一是「西師」，即「西部用兵，邊疆安定」；二是「南巡」，即「六次南巡，天下晏然」。他為了營造盛世光景而六度南巡，即便耗費大量人力物力也是值得的。

首度南巡的數年前，乾隆就釋出了想要前往江南的風聲，他將走一回康熙走過的路。乾隆十二年，他在避暑山莊感慨地說自從三代以後，國祚綿延長久者也只有漢、唐、宋、明，而這四個朝代往往在第一任、第二任皇帝後就開始發生內亂，這是因為繼任者不知創業艱辛、開國勞苦而怠於政務的結果。有鑒於此，我的皇瑪法才在平定三藩後即實行南巡、秋獮啊！在我看來，南巡雖然耗財勞眾，但是可以「察民瘼，備邊防，合內外之心，成鞏固之業，習勞苦之役，懲宴安之懷」，不僅能夠瞭解百姓生活、鞏固國防，還可以讓天下人歸心，好處多多！所以我認為，身為帝王應「所全者大，則其小者不必恤也」。成大事者不拘小節，一句話搞定乾隆的心思！

此外他還說：「第當命駕時巡，省方問俗，進窮簷之父老，而使得自言其疾苦，則民隱足以周知」、「車駕所經，並可以周知民隱，於政務又何妨乎？」意思是，「我不出去看看又怎能知道真實的民情？若因出巡有礙於政務又何妨呢？朕要出去玩，誰攔我都沒有用！」

此話一出，江南各地為之騷動！沿途官員開始著手準備迎接乾隆的南巡，他們調撥民工整修道路、修葺康熙住過的行宮，在行宮之間增建尖營以供乾隆中途休息，並且翻修名勝古蹟，採買生活用品。太平日子過得久了，官員們想要在官場上扶搖直上就得更用心經營，由這些超前部署可知，官員十分懂得揣摩上意，他們知道乾隆必然南巡，事實也證明是對的。

乾隆十六年，乾隆第一次南巡時把出門的日子訂在崇慶皇太后六十大壽這一年，帶著老太太歡天喜地出門去。

南巡前，乾隆三令五申：「力屏浮華」，而自己「時時思物力之維艱，事事惟奢靡之是戒」，但是沿途官吏們深知乾隆講究排場也重視娛樂，爭相逢迎之事層出不窮。地方官在裝潢行宮、採辦特產時還趁機向百姓商家敲詐錢財、中飽私囊，使得民間怨聲載道卻無法上達天聽。

對於地方官花錢拍馬屁之事，乾隆又是怎麼看待呢？很妙的是，他對於建有行宮者，乃是「各賞銀二萬兩充用」。乾隆固然好面子又喜歡各種新奇的享受，但他絕非一位荒誕無知的皇帝，而是充滿智慧且行事果斷的帝王。當他還是寶親王時就替雍正在全國各地嚴查貪官汙吏，凡被他落實罪證者，除了殺頭、抄家、流放以外，完全沒有別的路可走。這樣的人成為大清的國君，衝著好面子這一點，他就絕不會放任自己落人口實。乾隆決定出巡的真正動機，是藉此鞏固他心目中的「全盛江山」。康熙南巡之時，清朝疆域底定、政權穩固、諸多文化觀念日趨融合，加上科舉讓江南精英更加靠近權力中心。在此基礎上，乾隆要更進一步完全掌握天下，透過「帝王的現身」激盪江南的市場經濟、活絡新的文化，便可更加緊密控制江南並充分利用其人力、財力和物力，以發展出超越以往的盛世。同時，他讓八旗士兵一路跟隨，向天下人展現重視國防之心，這才是真正目的。所以他六次南巡，每次都要在江寧閱兵以檢閱八旗士兵的騎射程度。

乾隆南巡路線皆經過精心設計，讓他可以在水路以外沿途騎馬、射箭、校

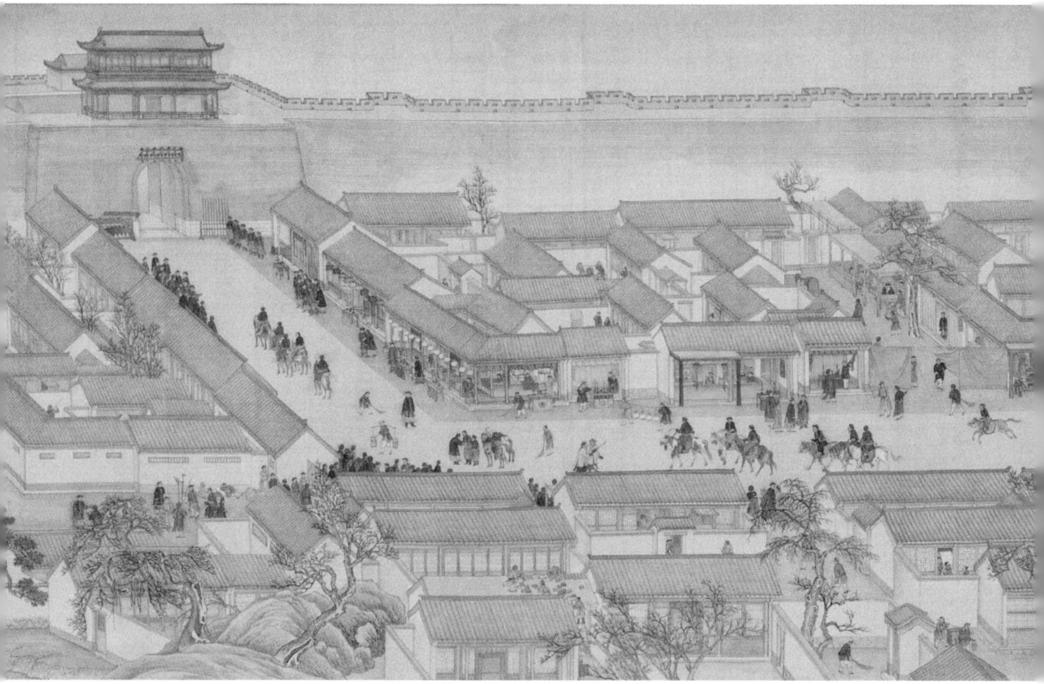

乾隆南巡時的當地狀況

閱，駐防八旗。此舉並非炫耀軍力，而是讓百姓們看見清朝是唯一能治理天下且保護天下人民的帝國。

正月十三日，乾隆奉皇太后率領群妃、皇子及隨行的太監宮女走出紫禁城，經直隸入山東，然後沿著京杭大運河南下。三月到達杭州，乾隆登觀潮樓閱兵，奉皇太后同遊西湖，至紹興祭祀大禹；回京時，從南京繞道至明孝陵祭祀明太祖並閱京口旗兵。

在回程中，乾隆沿路視察徐州河務，發現徐州黃河段的河身過於狹窄，一遇漲水就有堤潰之患，勘察之後指示對北面護城的石堤「應加幫以培其勢」，沒有石堤的地方「應接築以重其防」，同步實施補強和預防水患的措施。經過徐州附近桃源、宿遷等州縣時，他見到不少因水患無家可歸的災民，遂下令全面賑濟，並提出讓災民修壩築堤「以工代賑」的想法，同時解決河工所需勞動力、災民的衣食問題。之後，乾隆江南團才沿著運河北上，並於同年五月四日回到北京，結束了歷時近五個月的南巡之旅。

乾隆的南巡行程中，祭祀大禹和明太祖與康熙所為相同，他不僅是效法康熙，更是讓天下人再次看見大清皇帝對待民生與漢人的用心。

這次南巡的「時間」意義，遠勝接下來的五次南巡。那是清朝入關多年的轉捩點，乾隆要讓國家不斷有源源不絕的活水注入，在新的生命力湧向民間之餘，依然能維持八旗的軍力。因此他以皇太后過壽為由帶她出門，將她塑造成為親切的鄰居老太太形象，緩和巡幸途中因士兵同行帶來的緊張氣氛。

乾隆說：「朕巡幸所至，悉奉聖母皇太后遊賞。江南名勝甲於天下，誠親掖安輿，眺覽山川之佳秀、民物之豐美，良足以娛暢慈懷。」白話地說，就是「南方風景很漂亮，我喜歡；我媽媽開心，我更喜歡！」

朕要辦大事

乾隆二十二年，乾隆奉皇太后起鑾出京，展開第二次南巡。

此次下江南，他期待能夠進一步瞭解江南地區的水利建設，有多少地方該整修、該新建多少堤壩、花費多少銀兩。換言之，水利工程仍然是大清帝王必須面對的國家大事。行前，乾隆下令免除江、浙、皖三省以及經過直隸、山東等地賦稅的十分之三，讓南巡不至於過度擾民。

到達無錫後，乾隆先召見學者顧棟高。他是康熙朝進士，雍正朝時因越級上奏被免去職務，此後致力於研究《春秋》。乾隆覺得顧先生是個人才，於是在乾隆十六年特准其為辛未科特恩保舉經學進士，乾隆十七年《五禮通考》初稿完成後並交由他作序。此次南巡時他召見顧棟高，一方面是會晤《五禮通考》的重要功臣，一方面展現重視漢臣的心情。

乾隆率領八旗浩浩蕩蕩地南下，士兵沿途皆須操練以維持軍力，卻無法免去昭告天下其重漢臣的心意。這是乾隆內心的矛盾，在調和滿漢的過程中，越是得到人心越要抓牢抓緊，不能鬆手。因此，他在二月二十日到達蘇州，奉皇太后臨視織造機房後進行兩件大事，一是在嘉興和石門鎮閱兵，二是再祭明太祖陵。

三月十八日，乾隆二度祭祀明太祖陵；四月四日，他到徐州閱視河工並降旨截流漕糧。為了避免農民受歉收所苦，遂免去該地積欠的種子和口糧；四月五日，他到孫家集閱視堤防工程，命令將河堤改以磚砌使其更為耐用；四月十日，到達曲阜拜謁孔林；四月二十六日返回北京。

乾隆南巡期間不是到處寫寫詩、蓋蓋章而已，他做了最重要的事：治水、用人。三到四月之間，乾隆致力水利建設、照顧農民、祭祀明太祖和孔子，以收攏人心。他的出發點立意良善，得到的回饋也稍微平反了首次南巡時百姓的惡評如潮。

乾隆巡視黃淮河工

同年，乾隆命人編著《南巡盛典》所未輯錄者，詳細記錄第二次出巡途中所發布的各道諭旨，並且逐日記載南巡的重要活動，更寫下所經之地的山川地理和風俗民情。在此之前，清朝並未有過完整詳細的南方導覽，因此《南巡盛典》可說是一項珍貴的文化寶藏。

文化和水利，朕全包了！

乾隆二十七年，乾隆第三次南巡。此次主要目的仍是處理江南一帶的水患問題，同時貼近地方仕紳的生活。雖然如此，他還是帶著八旗士兵同行，因為文武健全是乾隆心中的盛世展現。

南巡途中經過正逢水災的山東，他豪邁地宣布免去當地災民一年的賦稅；處理完山東的賑災事宜，旋即前往他心心念念的江南，準備解決更大的水患問題。自古以來，錢塘江口江流海潮之處共有南大門、中小門和北大門三個通道。若海水沖向南大門，紹興一帶的海塘首當其衝；海潮趨向北大門，海寧方面正面犯險；唯有主流朝向中小門時，南北兩岸才會減少水患發生。但是大自然的作為，豈是人類可以決定的呢，因此乾隆能做的便是四處治水，疏通、防堵、改道都是必須完成的工作。

自乾隆二十五年起，海潮有逐漸北向的趨勢，海寧一帶潮信開始告急。一旦海寧大堤被沖毀，一旁的蘇州、杭州、嘉興、湖州，這些全國最富庶的地區將會毀於一旦。乾隆基於「海塘為越中第一保障」理念，在兩年後展開第三次南巡，主要目的就是親臨海寧勘察、維護與興建新的防洪建設。

乾隆從北京沿著水路出發，到達江蘇後在船上巡視河堤，察看了前一次南巡時修建的洪澤湖堤壩使用情況。他渡過長江，又在焦山再次檢閱水師操練；三月，到達蘇州後先到文廟行禮，拜名士蘇州沈德潛為師並與江南文人以詩唱和；此外他特地邀請沈德潛到西湖遊玩，沿路遇到宮眷也不需迴避，好個文化上的「擒賊先擒王」啊！這些「文治」舉措，和江南一向是才子們的發源地有關，以科舉為例，順治、康熙、雍正、乾隆四朝共出了六十一名狀元，光是江浙就占了五十一位，乃是其他省分所望塵莫及。江浙兩省一直是前朝遺民的活動中心，當地文人互動頻繁，乾隆期望在他的懷柔文治下能更有效地遏止反清的活動與思想。

在蘇州和杭州期間，乾隆命內閣對擅長詩文者進行大型會考，優秀者直接賜舉人並予以錄用。乾隆又效法當年康熙南巡的做法增加科考學額，其中江蘇、安

〈乾隆南巡圖卷〉第六卷節錄

徽、浙江三省於當年秀才大考時，府學及州縣大學增取五名、中學增取四名、小學增取三名，此舉激勵了更多有才之士的心。乾隆還允許當地文人獻詩召試，再特賜給舉人並授內閣中書等職，同樣是仿效康熙南巡的舊例。

此次，乾隆再次聲明務必確保江南地方科舉取士的人才標準以及名額，錄取人數只能多、不能少。另外，乾隆派遣大量文官替他前往當地歷代文人、能臣的廟宇、宗祠焚香或讀文致祭，如周代的泰伯、吳國的季札、宋朝的宗澤和范仲淹、明朝的李文忠和徐達、已故大學士張玉書和浙江省境內的海神廟、禹陵，以示尊崇。這些官員們收到指令後開始到處祭祀，不著痕跡地宣揚皇帝重視文化、獎勵文學和禮遇漢人的心意。慢慢滲透，最有效！

吃遍江南

在南巡途中，老饕乾隆也不忘大啖美食。停留在蘇州這段時間，他品嘗了許多特色點心，《南方飲食掌故》就記錄了「乾隆下江南」的吃貨行徑：乾隆南巡至蘇州時，某日決定今天不辦公，換上漢人服裝後便跑出去玩耍了！途中，他偶然經過「稻香村」，覺得店名相當雅致遂走進店內吃喝，在品嘗了店內的「蜜糕」後讚不絕口，一回行宮即要求蘇州府臺將稻香村的蜜糕進貢至京，同時派人前往稻香村學習製作技巧。後來他在宮中吃到蜜糕時想起了江南美景和往日的歡樂時光，心情大好之餘，特地御賜稻香村一塊葫蘆招牌，上書「稻香村」三個大字，蘇州稻香村的名聲就此傳遍全國。

南巡期間，乾隆有無微服私訪，我們恐怕無從知曉。從諸多民間傳說和野史來看，眾人對乾隆的印象是喜好新巧、重視娛樂、追求歡樂，進而將大量美食、美景、美人的故事加諸在他身上，逐漸形成乾隆下江南的各種軼事，以及民間津津樂道的緋聞話題。

四月，乾隆來到浙江海寧，著手進行海塘工程的籌劃和實施，他與地方官商議，考慮再三後決定改良、修築柴塘，並且還做了長遠規劃，決定定期撥款以穩固塘基，將圍繞城牆的海塘築為三層以擋水，另外再加強長石塘的堅固程度，防患於未然。回程時，南巡隊伍分成兩路。皇太后行水路、乾隆率八旗騎馬經陸路回京。他再次到達徐州巡查前次南巡時部署的河防工程進度，針對黃河淤沙堆積、壩閘控制不當導致下游時常淹水的情況，命督辦單位嚴格確定水位標誌，按河水漲落情況，適時開放或堵塞堤壩。

至此，我們能說乾隆只是為了玩樂而出巡嗎？

風景舊曾諳

乾隆三十年，第四次南巡。

乾隆奉皇太后從北京啟程，從黃河視察到長江。他們行至山東德州時，親賞接駕獻詩者大荷包一對、小荷包二對，以獎勵學者的用心。荷包在滿人的生活中有很高的用途，它是祖先們在行軍、狩獵時裝打火石、簡單求生使用的工具，因此獲得荷包可說是一項極高的殊榮。二月，乾隆巡查河務後沿運河前往長江，在這短短的路途中，他在心裡下了一個決定：「我要大玩特玩」！

這一次，乾隆撥出了更多時間暢遊江南。駐蹕蘇州府時，一路玩到瘋的乾隆心情甚佳之際，替六班拉縴河兵加薪，共三千六百名河兵獲得一個月的錢糧。接著展開「人間天堂蘇州八日行」，到達杭州時，更是遊興大開，整整待了十二天。閏二月十九日，乾隆奉太后回鑾時按捺不住，又跑回蘇州，依依不捨地停留了六天，才心滿意足地離開。

這段日子，正史、野史中的乾隆踏遍江南、吃遍江南。

內務府御茶膳房的《江南節次照常膳底檔》記錄了此次所經路線、駐蹕行宮和飲膳單。不意外地，沿途有不少官員進獻當地風味美食，如二月十五日時到達崇家灣大營碼頭，總督尹繼善進肉絲饗餡子、燕筍火熏白菜、醃菜花、炒麵筋、火腿，這幾道菜用的都不是多麼昂貴頂級的食材，卻有著紫禁城中見不著也吃不到的新鮮感。據說他還吃了不少地方菜，《清稗類鈔》就提到乾隆南巡時吃「素」食的一段軼聞，乾隆曾到揚州的天寧寺，住持請他吃了一回素肴，乾隆吃得很開心，便說：「蔬食殊可口，勝鹿脯、熊掌萬萬不及矣！」素食的美味真是棒，這可是鹿肉、熊掌都遠遠比不上的味道啊！

傳說乾隆在四處亂逛時遇上一位法號文思的和尚，文思是個豆腐料理達人，便做了許多豆腐料理招待這位「艾先生」，乾隆吃得笑呵呵，回宮後還把「文思豆腐」列入宮廷菜單之中。

此外，揚州名菜「揚州乾絲」揚名天下，據說也與乾隆有關。當時的揚州官員和鹽商為了請皇上吃大餐，請出在地名廚高手聯手推出全新菜色，其中一道「九絲湯」奪得料理冠軍，廚子們各個有賞！這道湯的做法很簡單，但十分講究「細」和「等」，首先要用豆腐乾絲、雞絲、筍絲、紫菜絲、蛋皮絲、木耳絲、

〈乾隆南巡圖卷〉第六卷節錄

口蘑絲、銀魚絲、火腿絲，再用老母雞湯小火煨煮，等上數個小時，待各種鮮味都吸入豆腐乾絲之中，就成了鮮甜清香的九絲湯。從此，聲名大噪的九絲湯不只是地方菜，被改名為具有揚州代表的「揚州乾絲」！

吃了這許多料理，該辦正經事了。三月，乾隆第三度親謁明太祖陵，查看洪澤湖高堰大壩使用現況以決定是否整建。以往至順河集時，乾隆就會開始走陸路，但這次他與崇慶老太后一起搭船回家。四月十三日，乾隆先由德州上岸，調動八旗士兵後騎馬回京；太后則走水路回京。四月二十一日，乾隆到家，四天後老太太也回到家。從母子倆相見歡的時間來看，此次南巡從正月十六日出發，至四月二十五日太后返京，共出巡一百二十六天，為南巡時間最長的一次。

我們在影視作品中看到的那拉皇后斷髮一事，也發生在此次途中。乾隆確實在此南巡後大幅降低對那拉皇后的待遇規格，直至她亡故都只以妃禮下葬。到底是不是因斷髮的緣故，真相終究無從得知，畢竟歷史上的懸案何其多，也不差這一樁囉！

打卡勝地

無論是康熙或乾隆的江南團，出巡都是出於政治策略，宣揚盛世的文治和武功，不是一件輕鬆的事，但乾隆的個性比康熙更懂得玩樂和享受，也有更強的經濟實力可盡情地遊山玩水！

乾隆四十五年，第五次南巡時，七十歲的乾隆知道不能超越康熙的六次南巡紀錄，江南團的扣打就要用完了，年邁的他仍惦記著二十多年前一見鍾情的江南景點，這一回他要好好地將它們的一景一物再次盡收眼底。

乾隆開發出一次滿足三個願望的「底下遊園林，中間看石頭，頂上望西湖」西湖南線一日遊。從「漪園」到「小有天園」，再到「留餘山居」，他邊走邊逛，眺望沿途的山光水色，在小有天園遊賞奇石名刻。從法相寺登山後抵達留餘山居，由於此山居朝東，最高處有兩個建築，北邊為「望湖樓」、南邊稱「望江亭」，可分別遠眺西湖和錢塘江，賞景之餘，也是乾隆檢視治水功績的好所在。

其中最讓乾隆念念不忘的景點是「小有天園」，它和海寧的安瀾園、南京的瞻園、蘇州的獅子林，並稱乾隆的「江南四大名園」。

「小有天園」本是宋朝時的庭園建築，幾經荒廢後由當地富商重修。乾隆十六年江南團首發行程規劃中並無此景點，但他在偶然間發現此地後便喜歡得不得了！隨即賜名「小有天園」。此後五次南巡時必到此一遊，乾隆二十七年時甚至來了兩次。每次來到這裡，他一定會留下詩歌，幾趟南巡下來，共有八首歌詠此處的詩作，裡頭有七首的首聯都嵌入「小有天園」一詞，如作於第四次南巡的〈遊小有天園登絕頂〉，首聯即為「最愛南屏小有天，登峰原覽大無邊」。

皇帝打卡，百姓跟風！帶動了當地的觀光和商業活動，果真美事一樁！

南巡的意義

若說康熙的南巡以政治目的為主，那麼乾隆的南巡可說是為了透過治水以促進民間經濟，一如他在《南巡記》中替自己下江南做了總結：「莫大於河工」，也就是他心中的南巡意義是要親自督辦南方水利，解決水患問題後，藉由江南的發展，活絡全國的經濟活動。

乾隆四十九年，第六次南巡。此時的他已是七十四歲的老人，初衷不改但心境卻逐漸老去。此次出團，他同樣到海寧監察塘工，免除經過州縣錢糧並降低災區納糧數量，以及接見當地文人。

六次的南巡，讓乾隆更瞭解江南的官風民情，也確實延續了大清全盛之勢。但是他每次的南巡均花費了太多人力和物力，這一筆筆龐大的開支讓他在晚年時起了後悔之意。他知道每次南巡時，當地官員會強迫百姓翻新路面和房屋、四處張燈結綵，在所經途中使用紅布遮蓋住一時難以掩飾的荒廢之處或破敗工程，以創造太平之景；他也知道這些修補措施所累積的開銷重擔最終還是落在百姓肩上，例如替御船拉縴的縴夫照理可得到二兩銀子，但在層層剝削後落到縴夫手中後往往只剩下二、三錢。但一如前文所說，他要運轉出盛世氣象就得有所犧牲，乾隆心中知根知柢、知是知非，這是天子必須面對的抉擇。

說到錢，到底南巡一趟得花多少錢？若以江南團的首發行程來看，這是一筆難以估計的大數目。以隨行人員來說，自京城啟程，共有三班侍衛、六百名八旗兵丁、四百名健銳營護駕同行，中途視情況遞減；到了江浙一帶以水路為主，故停派健銳營；至江南登御船時，共有五百名前鋒護軍、兩百名士兵於江寧迎駕，共七百名供水營差使；南巡所需馬匹，除了御馬是用船隻載往以外，隨從人員的官馬則參照康熙南巡規格，皆由地方提供。彼時隨行大臣三十二人、侍衛六百一十一人、官兵兩千五百五十九名；大臣每人給馬五匹，侍衛給馬三匹，護軍、緊要執事人士每人二匹，其餘每二人用馬三匹，合計需六千六百九十餘匹馬。這六千多匹馬用到江蘇宿遷即止，因為後續行程以乘船為主，江浙兩省還需要準備約四千匹馬。

另外，如兩淮鹽政吉慶的〈奏為聖駕南巡兩淮商人程可正等公捐百萬銀兩事〉奏摺所說：「江省幸蒙恩允南巡，萬姓歡騰，淮商倍切所需費用久願公捐，其踴躍難形情狀」，光是揚州鹽商助其南巡就捐了一百萬兩銀子。揚州鹽商的慷慨捐獻，不外乎是希望博得聖心，增加自身的商業利益。果不其然，鹽商的捐資讓多次南巡更加順暢，乾隆也下令：「准其每引加耗二十斤。」鹽商們聽了無不鼓掌叫好！所謂「加耗」是指增加每「引」捆鹽斤數，每引的重量一般來說是三百四十四斤，加耗二十斤，就是鹽商每引可以買到三百六十四斤的鹽，約百分之六的漲幅。因為鹽商的加入，使得乾隆南巡多了一些商業色彩，也使得乾隆的江南團成為政府和商人之間的合作管道，如此一來富者益富，皇帝高興、鹽商口袋滿滿，造成彼此雙贏的局面，但平民百姓則未受到任何好處。

乾隆在乎這個結果嗎？他在乎，但他更在意如何讓商業活絡、讓八旗身影深植當地人心。

南巡期間，乾隆減賦、恩賞、巡視河工、加恩仕紳、培植文人、祭陵、閱兵、瞭解當地吏治，把握深入基層的機會，在歷史長河中留下了「盛世」的樣貌，而這些功績都在乾隆統治的天下一覽無遺。

然而，乾隆年邁時還是這麼說了：「朕臨御天下六十年，並無失德。惟六次南巡，勞民傷財，實為做無益害有益之事。」對他來說，南巡是「有益之事」，但卻因為「無益」的勞民傷財，大大降低了南巡的美意。此刻的乾隆老太爺已非當初年輕氣盛的蓋章ｂｏｙ，他回頭注視著自己人生中曾經的輝煌、曾經的功過是非，清楚明白，六次南巡所經營的地方仕紳關係、水利建設、安定百姓生活有所成效，算是做了最正確的抉擇。

六次南巡，乾隆江南團的功過是非，想必他心中自有論斷。

國家圖書館出版品預行編目資料

大清盛世忙什麼：來去紫禁城打卡，體驗當皇上的日常！/ 李純瑀作. -- 初版. -- 臺北市：平安文化,
2020.12
面； 公分. -- (平安叢書；第668種)(知史；18)
ISBN 978-957-9314-85-5 (平裝)

1.生活史 2.宮廷制度 3.清史

627 109018438

平安叢書第0668種
知史 [18]

大清盛世忙什麼

來去紫禁城打卡，體驗當皇上的日常！

作　　者—李純瑀
發 行 人—平雲
出版發行—平安文化有限公司
台北市敦化北路120巷50號
電話◎02-27168888
郵撥帳號◎18420815號
皇冠出版社(香港)有限公司
香港上環文咸東街50號寶恒商業中心
23樓2301-3室
電話◎2529-1778 傳真◎2527-0904
總 編 輯—龔橞甄
責任編輯—謝恩臨
內頁設計—嚴昱琳
著作完成日期—2020年9月
初版一刷日期—2020年12月

法律顧問—王惠光律師

讀者服務傳真專線◎02-27150507
電腦編號◎551018
ISBN◎978-957-9314-85-5
Printed in Taiwan
本書定價◎新台幣320元/港幣107元